四特 教育系列丛书 SITEJIAOYUXILIECONGS

风俗描写阅读指导

《“四特”教育系列丛书》编委会　编著

吉林出版集团股份有限公司
全国百佳图书出版单位

图书在版编目（CIP）数据

风俗描写阅读指导 / 《“四特”教育系列丛书》编委会编著 . —长春：吉林出版集团股份有限公司，2012.4

（“四特”教育系列丛书 / 庄文中等主编 . 学生阅读与作文方法指导）

ISBN 978-7-5463-8706-2

Ⅰ. ①风… Ⅱ . ①四… Ⅲ . ①阅读课－中小学－教学参考资料 Ⅳ . ① G634.333

中国版本图书馆 CIP 数据核字（2012）第 044365 号

风俗描写阅读指导

FENGSU MIAOXIE YUEDU ZHIDAO

出 版 人 吴 强

责任编辑 朱子玉 杨 帆

开　　本 690mm × 960mm 1/16

字　　数 250 千字

印　　张 13

版　　次 2012 年 4 月第 1 版

印　　次 2023 年 2 月第 3 次印刷

出　　版 吉林出版集团股份有限公司

发　　行 吉林音像出版社有限责任公司

地　　址 长春市南关区福祉大路 5788 号

电　　话 0431-81629667

印　　刷 三河市燕春印务有限公司

ISBN 978-7-5463-8706-2　　　　定价：39.80 元

前　言

学校教育是人一生中所受教育最重要的组成部分，个人在学校里接受计划性的指导，系统地学习文化知识、社会规范、道德准则和价值观念。学校教育从某种意义上讲，决定着个人社会化的水平和性质，是个人社会化的重要基地。知识经济时代要求社会尊师重教，学校教育越来越受重视，在社会中起到举足轻重的作用。

“四特教育系列丛书”以“特定对象、特别对待、特殊方法、特例分析”为宗旨，立足学校教育与管理，理论结合实践，集多位教育界专家、学者以及一线校长、教师的教育成果与经验于一体，围绕困扰学校、领导、教师、学生的教育难题，集思广益，多方借鉴，力求全面彻底解决。

本辑为“四特教育系列丛书”之《学生阅读与作文方法指导》。

阅读能力被著名教育家苏霍姆林斯基称为学习技能的五把刀子之一，它不仅是语文学习能力的主要构成因素，也是训练学生的表达能力的重要途径，还是一切智力活动的基础。因此，有效阅读一直是语文教学的核心，学生要提高语文能力，提升语文素养，必须加强阅读。

作文是人们交流思想和社会交际的重要工具。生活在现实社会里，无论从事什么行业，都离不开写作，写作是人类生活的基本工具，是每一个社会成员做好各项工作必须应具备的一种基本素质。本书从肖像、语言、行动、心理、场面、景物、静态、状物、抒情和话题等方面，为广大学生提供了实际指导和范文阅读，使大家不仅可以学到作文的知识，还能感受到好词好句好段中所蕴含的优美意境，能够得到精神的陶冶。

本辑共20分册，具体内容如下：

1.《肖像描写阅读指导》

肖像描写即描绘人物的面貌特征，它包括人物的身材、容貌、服饰、打扮以及表情、仪态、风度、习惯等特点等。肖像描写的目的是以“形”传“神”，刻画人物的性格特征，反映人物的内心世界。描是描绘，写是摹写。描写就是用生动形象的语言，把人物或景物的状态具体地描绘出来。这是一般记叙文和文学写作常用的表达方法。本书针对学生如何高效阅读肖像描写类文章进行了系统而深入地分析和探讨，并给予了切实的指导，对中小学生颇有启发意义。

2.《语言描写阅读指导》

语言描写是塑造人物形象的重要手段。成功的语言描写可以鲜明地展示人物的性格，生动地表现人物的思想感情，深刻地反映人物的内心世界，使读者“如闻其声，如见其人”，获得深刻的印象。本书针对学生如何高效阅读语言描写类文章进行了系统而深入地分析和探讨，并给予了切实的指导，对中小学生颇有启发意义。

3.《行动描写阅读指导》

行动描写是刻画人物的手法之一，是塑造人物的主要手段。行动是人物性格的直接表现，因此描写人物的行动就要善于抓住人物具有特征性的动作，从而展示人物的精神面貌，反映人物的性格特征，塑造出个性鲜明的人物形象。本书针对学生如何高效阅读行动描写类文章进行了系统而深入地分析和探讨，并给予了切实的指导，对中小学生颇有启发意义。

4.《心理描写阅读指导》

心理描写是指在文章中，对人物在一定的环境中的心理状态、精神面貌和内心活动进行的描写。是作文中表现人物性格品质的一种方法。最常用的是描写人物的内心独白，写出人物的所思所想，让人物吐露自己的心声，说出他的欢乐和悲伤、矛盾和愁郁、忧虑和希望，使读者透过人物外表，看到人物的内心世界。本书针对学生如何高效阅读心理描写类文章进行了系统而深入的分析和探讨，并给予了切实的指导，对中小学生颇有启发意义。

5.《场面描写阅读指导》

场面描写，就是对一个特定的时间与地点内许多人物活动的总体情况的描写。它往往是叙述、描写、抒情等表述方法的综合运用，是自然景色、社会环境、人物活动等描写对象的集中表现。场面描写要表现出一种特定的气氛，要综合运用记叙、抒情、议论等表达手段，以及映衬、象征等多种手法，这样才能使场面变成一幅生动而充满感染力的图画。本书针对学生如何高效阅读场面描写类文章进行了系统而深入地分析和探讨，并给予了切实的指导，对中小学生颇有启发意义。

6.《景物描写阅读指导》

景物描写，是指对自然环境和社会环境中的风景、物体的描写。景物描写主要是为了显示人物活动的环境，使读者身临其境。本书针对学生如何高效阅读景物描写类文章进行了系统而深入地分析和探讨，并给予了切实的指导，对中小学生颇有启发意义。本书不仅为学生提供了有效的范文，还提供了相应的阅读方法等，具有很强的系统性、实用性、实践性和指导性。

7.《风俗描写阅读指导》

风俗习惯指个人或集体的传统风尚、礼节、习性。是特定社会文化区域内历代人们共同遵守的行为模式或规范。风俗是由历史形成的，因此它对社会成员有一种非常强烈的行为制约作用。风俗描写主要包括民族风俗、节日习俗、传统礼仪等。本书针对学生如何高效阅读风俗描写类文章进行了系统而深入地分析和探讨，并给予了切实的指导，对中小学生颇有启发意义。

8.《记叙文阅读指导》

阅读记叙文必须注意把握文章的基本要素，理清记叙的顺序以及线索，准确理解记叙中的议论和抒情。只有这样，才能从整体上全面把握记叙文的内容，理解作者的写作意图和文章所反映的中心思想。本书针对学生如何高效阅读记叙文进行了系统而深入地分析和探讨，并给予了切实的指导，对中小学生颇有启发意义。

9.《抒情散文阅读指导》

抒情散文主要是抒发作者对现实生活的感受、激情和意愿。抒情散文抒发的是怎样的感情，如何抒发，都与文章揭示的思想意义是否深刻有极大的关系。本书针对学生如何高效阅读抒情散文进行了系统而深入的分析和探讨，并给予了切实的指导，对中小学生颇有启发意义。本书不仅为学生提供了有效的范文，还提供了相应的阅读方法等，具有很强的系统性、实用性、实践性和指导性。

10.《话题性范文阅读指导》

话题性文章与学生的生活实际联系最紧密，学生应该有话可写。但由于话题比较宽泛，要写得出彩也不容易。写作的关键在于把话题转化，或化大为小，或化抽象为具体。本书针对学生如何高效阅读话题性文章进行了系统而深入地分析和探讨，并给予了切实的指导，对中小学生颇有启发意义。

11.《肖像写作指导》

肖像描写即描绘人物的面貌特征，它包括人物的身材、容貌、服饰、打扮以及表情、仪态、风度、习惯性特点等。肖像描写的目的是以“形”传“神”，刻画人物的性格特征，反映人物的内心世界。描是描绘，写是摹写。描写就是用生动形象的语言，把人物或景物的状态具体地描绘出来。本书针对学生如何提高肖像描写类作文写作水平进行了系统而深入的分析和探讨，并给予了切实的指导，对中小学生颇有启发意义。

12.《语言写作指导》

语言描写是塑造人物形象的重要手段。成功的语言描写总是鲜明地展示人物的性格，生动地表现人物的思想感情，深刻地反映人物的内心世界，使读者“如闻其声，如见其人”，获得深刻的印象。本书针对学生如何提高语言描写类作文写作水平进行了系统而深入的分析和探讨，并给予了切实的指导，对中小学生颇有启发意义。

13.《行动写作指导》

行动描写是刻画人物的手法之一，是塑造人物的主要手段。行动是人物思想性格的直接表现，因此，人物的行动描写就要善于抓住人物具有特征性的动作，从而展示人物的精神面貌，反映人物的性格特征，塑造出个性鲜明的人物形象。本书针对学生如何提高行动描写类作文写作水平进行了系统而深入的分析和探讨，并给予了切实的指导，对中小学生颇有启发意义。

14.《心理写作指导》

心理描写是指在文章中，对人物在一定的环境中的心理状态、精神面貌和内心活动进行的描写。是作文中表现人物性格品质的一种方法。最常用的是描写人物的内心独白，写出人物的所思所想，让人物一无遮掩地吐露自己的心声，说出他的欢乐和悲伤、矛盾和愁郁、忧虑和希望，使读者穿透人物外表，看到人物的内心世界。本书针对学生如何提高心理描写类作文写作水平进行了系统而深入的分析和探讨，并给予了切实的指导，对中小学生颇有启发意义。

15.《场面写作指导》

场面描写，就是对一个特定的时间与地点内许多人物活动的总体情况的描写。它往往是叙述、描写、抒情等表述方法的综合运用，是自然景色、社会环境、人物活动等描写对象的集中表现。场面描写要表现出一种特定的气氛要综合运用记叙、描写、抒情、议论等表达手段，以及映衬、象征等多种手法，这样才能使场面变成一幅生动而充满感染力的图画。本书针对学生如何提高场面描写类作文写作水平进行了系统而深入的分析和探讨，并给予了切实的指导，对中小学生颇有启发意义。

16.《景物写作指导》

景物描写，是指对自然环境和社会环境中的风景、物体的描写。景物描写主要是为了显示人物活动的环境，使读者身临其境。本书针对学生如何提高景物描写类作文写作水平进行了系统而深入的分析和探讨，并给予了切实的指导，对中小学生颇有启发意义。本书除了提供各种作文的方法外，还提供了大量的好词、好段、好句供广大学生作文时参考借鉴，因此具有很强的系统性、实用性、实践性和指导性。

17.《静态写作指导》

在写物的静态时，我们要尽量去发掘这一静物的动态。如果要描写这些不可能有动态的物体，那么就要去发现他们的质感和有活力的部分。如果抓住这些来写，那么，那些静静躺在盘子里，平平睡在盒子里的东西也会生出许多引人的魅力来。总之，在写物的静态时，要尽量找些鲜活的因素来“描”上几笔，而且，这几笔往往是最传神的。本书针对学生如何提高静态描写类作文写作水平进行了系统而深入地分析和探讨，并给予了切实的指导，对中小学生颇有启发意义。

18.《状物写作指导》

状物类作文，以“物”为描述的中心和文章的线索，或寓情于物，或托物言志，融知识性与趣味性于一体，表达文章的题旨。这是学生喜闻乐见的一种写作形式。因此，加强状物类作文的指导，既是学生的一种心理需求，也是新的课程标准之一。本书针对学生如何提高状物类作文写作水平进行了系统而深入地分析和探讨，并给予了切实的指导，对中小学生颇有启发意义。

19.《抒情写作指导》

写抒情散文，重在“情”字。一篇文章要打动读者的感情，作者首先要自己动感情，把感情融入字里行间。作家魏巍说过：“写好一篇东西，能打动人心，就要把心捧给读者。”把心捧给读者，就是要吐真情，有真意，让情真意切的行文去感动读者。本书针对学生如何提高抒情散文写作水平进行了系统而深入的分析和探讨，并给予了切实的指导，对中小学生颇有启发意义。

20.《话题写作指导》

要想写好话题作文，除了审题命题外，要注意选择自己最熟悉的事情，用自己真实的感情，另外还要选择自己应用得最拿手的文体，需要注意的是，话题作文也要注意体裁的确定，虽然作文的要求是让你自由选择文体，但是一旦选择了某种文体，就一定要体现这种文体的特点，切不可写成“四不象”。总之，话题作文的写作给了你发挥自己写作优势的天地，只要选择自己最擅长的去写，你就会取得不错的成绩。本书针对学生如何提高话题作文写作水平进行了系统而深入地分析和探讨，并给予了切实的指导，对中小学生颇有启发意义。

由于时间、经验的关系，本书在编写等方面，必定存在不足和错误之处，衷心希望各界读者、一线教师及教育界人士批评指正。

作者

目　录

第一章

风俗描写写作指导

1. 什么叫风俗描写

民间风俗渗透到人们的日常物质生活和精神生活中，作为一种文化，它伴随着历史的发展而发展，许多人类文化知识，都总汇到各民族的民俗之中，从这个意义上讲，民俗学被人们称为“历史之学”“文化之学”和“百科之学”是当之无愧的。

文学则通过语言艺术反映各个时代人们的社会生活和精神生活，文学和民俗可以说是一对孪生姐妹，有直接的“血缘关系”和“心灵感应”，文学作品尤其是长篇文学作品，完全不涉及民俗是不可想象的。

2. 风俗描写的美学特点

我们知道，风俗是创造于民间又传承于民间的，世代相习的传统文化现象。它是一种模式化了的行为准则和生活方式，是一种社会的规范体系。风俗是民族心理的外部表现，它在长期的历史发展过程中积淀下来，成为代代相承的民众习惯。它通过约定俗成的方式为人们所接受，具有软控制的性质。可见，风俗是一种文化现象。

（1）远离政治斗争

风俗的本质特点决定了风俗写作往往注意对特有的环境气氛的描写，注意对世相、世态的摹状，而一般不深涉政治斗争，或者把政治斗争作为一种背景来表现，这可能是风俗写作最突出的特点。

比如老舍的短篇《老字号》着力写那种宁静悠闲的古旧商业情调，

似乎进入了“清新无为”的哲学境界，作品写道：

多少年了，三合祥永远是那么官样大气，金匾黑字、绿装修、黑柜蓝布围子、大机凳包着蓝呢子套，茶几上永远放着鲜花。多少年了，三合祥除了在灯节上才挂上四号宫灯，垂着大红穗子，没有半点不像买卖地儿的胡闹八光。多少年了，三合祥没有打过价钱，抹过零儿，或是贴张广告，或者减价半月；三月祥卖的是字号。多少年了，柜上没有吸烟卷的，没有大声说话的；有点响声只是老掌柜的咕噜水烟与咳嗽。

作品所描绘的三合祥是个远离政治斗争，对社会政治变革反应极为迟钝的仿佛停滞了的世界。

邓友梅在《〈铁笼山〉一曲谢知音》中这样写估衣行的情景：

老客来了先接到后柜住下，掌柜的要陪着剃头、洗澡、吃下马饭，晚上则照例得听戏。

这样的经营方式，这样的商业道德，讲求信义、人情，既是诚实，亦有保守性。这里显示的世相、世态与现代商业社会那种战场般的竞争商业气氛迥然不同。

(2) 注重人文景观

注重风俗风物和人文景观的描写，是民俗写作的又一特点。北京一些作家笔下的胡同和四合院、陆文夫笔下的苏州小巷等是构成民俗写作的重要组成部分。老舍的《正红旗下》，对于“旗人”社会的诸种制度、礼俗、家庭关系，以及“旗人”与汉、回＋民族的关系，无不涉及，因而被称为“旗人风习大全”。陆文夫的《美食家》围绕着朱自治这个人物，穿插了大量的对于苏州民俗风情的描写。那种苏州特有的石板小巷，偶尔传来的梆子声，尤其是对苏州特有的名点小吃、佳肴珍馐的描写更是出神入化，使整部小说具有浓厚的苏州“风味”。《骆驼祥子》里的天桥，《七奶奶》（李陀）里的隆福寺庙会，《烟壶》里的德外“鬼市”，《那五》里的戏园子，天津某些作家笔下的古文化街景都有声有色，极为生动形象。湖南籍作家韩少功在《马桥词典》中对汨罗风俗风情的描写，贵州作家李宽定在《良家妇女》《大家闺秀》《山月儿》等作品中，对结婚拜堂时“打新郎官”，唱戏前“打闹台”以及“嚎丧”“哭嫁”“杀跑跑半”等民俗的描写，都是很出色的。

要使风俗写作具有上述特点，就要求作家掌握大量的知识掌故。韩少华在《红点颜儿》里描写笼、写鸟、养鸟的学问，备极工细；《烟壶》里描写的由鼻烟到鼻烟壶到制壶工艺，不厌其烦；老舍之所以对洋车夫、对“老字号”商人写起来得心应手，是因为其有丰富的知识掌故和文化积淀作为写作基础。

（3）讲究精雕细刻

风俗虽然从总体上可分为无形民俗（亦称心理信仰民俗）、有形民俗（亦称行为民俗）、语言民俗三大类，但在文学作品中这三大类都必须通过具象的、有形的东西表现出来，因此讲究细节描写，甚至是精雕细刻，是风俗写作的第三个特点。如老舍《正红旗下》写福海二哥请安的细致入微：

他请安请得最好看：先看准了人，而后俯首急行两步，到了人家的身前，双手扶膝，前脚实，后脚虚，一趋一停，毕恭毕敬。安到话到，亲切诚挚地叫出来：“二婶儿，您好！”

> 而后，从容收腿，挺腰敛胸，双臂垂直，两手向后稍拢，两脚并齐“打横儿”。这样的一个安，叫每个接受敬礼的老太太都哈腰儿还礼，并且暗中赞叹：“我的儿子要能够这样懂得规矩，有多么好啊！”

写人要细，写事、写环境也要细。汪曾祺的《大淖纪事》开头四节几乎是写大淖的来历、乡风、民俗，虽然细致得有些散漫，但正是这细致的描写，才凸显了有立体感的苏北风情民俗。因此，粗线条、大勾勒是表现不出真正的民俗和民俗美的。

(4) 语言强调本色

语言方面要强调本色，力求平实浅易，这是风俗写作的第四个特点。这不仅因为语言民俗是风俗的一种，还因为无形民俗和有形民俗都必须借助有特色的语言表现出来。邓友梅在《“四海居”轶话》里写人物说着“一口嘣响溜脆的北京话”，“一口京片子甜亮脆生”，这其实也是邓友梅自己作品的语言特色。韩少功的《马桥词典》对汨罗方言俚语的运用可谓十分娴熟。我们可以肯定，文绉绉的语言，过分雕琢的语言，绝对不能表现出风俗美，至于那些梦呓般的“现代句法”更是谈不上有一点风俗之美的。

3. 风俗写作的作用

(1) 借对传统节日中的人物活动展现人性的美好

如《社戏》，就是以绍兴民间的祭社活动为背景而展开的。

社日节是中国古代祭祀社神的节日。社神是土地神，土地是人们的衣食之源，社日节的盛行反映了祖先的土地崇拜思想。社日的节俗活动之一就是演社戏。

> 我在那里所第一盼望的，却是到赵庄去看戏。……当时我并不想到他们为什么年年要演戏。现在想，那或者是春赛，是社戏了。就在我十一二岁时候的这一年，这日期也看看等到了。不料这一年真可惜，在早上就叫不到船。……到下午，我的朋友都去了，戏已经开场了，我似乎听到锣鼓的声音，而且知道他们在戏台下买豆浆喝。

基于传统节日的庆祝仪式，使小说《社戏》多了一份民俗味、生活味、童趣味。

本来本村也是演戏的，但这一同赵庄的戏引起了孩童无限的向往，这一日是断不能不看戏的，小主人公便巴望着能看上，所以得了朴实的小伙伴的真诚帮助，看戏台上的老旦唱，看老生唱，尽管听不懂，但看了那么多的人，也就够热闹的了。鲁迅这么写，不正是勾起了我们读者童年看社戏的回忆吗？热闹是第一位的，看到什么倒是在其次的。围绕春社能看上社戏，母亲急，外婆急，村里的小伙伴也急，并能急人所急，即使自己看过了，也愿意为“我”去借船，大老远地撑船陪“我”去看社戏，看戏回来，肚子饿了，阿发主动提议去偷他家的罗汉豆，说是豆大，第二天八公公非但不责怪、不告状，反而送了罗汉豆来给“我”吃，哎呀，真叫人羡慕淳朴的民风和仗义的孩童。虽然孩子们不见得能看懂听清社戏，但浓浓的乡情、淳美的人情、纯真的人性就在这独特的节俗活动中散发出光辉。

又如散文《阿长与〈山海经〉》里的长妈妈虽然有较多不可爱

不可亲的地方，但是她在除夕教导“我”一些礼俗，送给“我”福橘及告诉“我”大年初一要说吉祥话“恭喜”之类的事情，又显出她作为长辈的关爱来，她就如生身母亲般，真心实意地爱“我”。作者就是通过描写人物在特定节日里的言行来反映她本质的美的。

（2）侧笔勾勒传统节日中的人物命运

鲁迅先生在《阿Q正传》中用侧笔描写阿Q于社日的活动情景：“这是未庄赛神的晚上。这晚上照例有一台戏，戏台左边，也照例有许多赌摊。”“赛神”指社日的迎神赛会，这是旧时的一种迷信习俗，用仪仗、鼓乐和杂戏迎神出庙，周游街巷，以酬神祈福。那台戏，也必是社戏。社日里行事，如赌博，照理能得社神的保佑，但是阿Q赢了钱也只是白赢，不仅没得到钱，反而挨了打，哪里得到了社神的关照。可见，社会底层的人在社日节这样的重大节日里也很难生存，且没有尊严可言。

又如孔乙己，不仅科举经世无望，人也被科举害得迂腐穷酸，倍受众人的冷嘲热讽，生前被人遗忘，却只在中秋、端午或年关的时候才被人偶尔想起，小说的结尾这样写道：

> 自此以后，又长久没有看见孔乙己。到了年关，掌柜取下粉板说，“孔乙己还欠十九个钱呢！”到第二年的端午，又说“孔乙己还欠十九个钱呢！”到中秋可是没有说，再到年关也没有看见他。
>
> 我到现在终于没有见——大约孔乙己的确死了。

为什么孔乙己只有在重大节日里才会被人记起，是因为在旧社会，年底结账时，债主要向欠债的人索债，欠债的人过年如同过关，所以叫“年关”。端午和中秋，在旧社会里也是结账的日子。穷困潦倒、不名一文的孔乙己如何过得了讨债关？作者看似不经意地侧面带过三个节日，其实大有用意。因为，对老百姓来说，最为隆重的三大传统节日要数春节、端午节、中秋节了。在这三大节日里，人们应该高高兴兴、快快乐乐过节的，然而孔乙己却视节日如灾难，债主上门索债，如何过节？何况，孔乙己在众人的节日声中悄无声息地死了，何其悲凉啊！这个多余人，只有在节日里才会被掌柜等提起且“清算”。两个节日看似闲笔，却正是要紧处。

（3）浓墨重彩描写传统节日的深刻寓意

《祝福》中涉及的一个重要活动是出现在十二月廿三廿四的祭灶神节的民俗活动，民间称之“过小年”即“谢年”“祝福”，是春节系列祈福活动的序曲。鲁迅先生不仅写了主人公祥林嫂初到鲁镇和再到鲁镇后在祝福中不同的活动，并以“祝福”这一特定的节日民俗活动为题，其是抓住祭灶节的民俗活动来做文章的：

> 这是鲁镇年终的大典，致敬尽礼，迎接福神，拜求来年一年中的好运气的。杀鸡，宰鹅，买猪肉，用心细细的洗，女人的臂膊都在水里浸得通红，有的还带着绞丝银镯子。煮热之后，横七竖八的插些筷子在这类东西上，可就称为“福礼”了。五更陈列起来，并且点上香烛，恭请福神们来享用，拜的却只限于几个男人，拜完自然仍然是放爆竹。年年如此，家家如此——只要买得起福礼和爆竹之类的——今年自然也如此。

鲁镇永远是以这种方式过新年，腊月二十以后就忙起来了。在祭灶节里祝福，是我国民间很普遍的风俗。据说灶王爷自上一年的除夕以来就一直留在家中，以保护和监察一家人，到了腊月廿三廿四时，便要去向玉皇大帝汇报这家人的善行或恶行。玉皇大帝根据灶王爷的汇报，再将这一家在新的一年中应该得到的吉凶祸福交于灶王爷，灶王爷就有了生杀予夺的权利。于是，每家每户只要备得起福礼的，都要举办隆重的“送灶”仪式，目的是贿赂灶神，希望灶神能替他们美言几句，所谓“上天言好事，下界保平安”。而鲁四老爷等能备得起福礼，可以燃放出“极响的爆竹声”的人家，自然能得到神的保佑，如作品结尾写道：

> 我只觉得天地圣众歆享了牲醴和香烟，都醉醺醺的在空中蹒跚，豫备给鲁镇的人们以无限的幸福。

而祥林嫂能备得起福礼吗？不能，她把所有的收入——“十二元鹰洋”捐了门坎后一无所有，自然得不到神灵的关照和保护，只能在众人的祝福声中冻死街头。所以说，神灵也是势利的，贪财的。鲁迅以“祝福”为题是要借祝福这一民俗活动揭露这个“为富不仁”的社会是如何不公，如何吞噬穷苦人的。

（4）描写人物在节日禁忌中的悲惨命运

“禁忌，也就是忌讳，是指人们对自己某些言行的强行约束以至禁绝。”节日禁忌：“作为特殊的民俗事象，禁忌包含两方面的意义，一是受尊敬的神物不许随便使用。因为这种神物具有‘神秘’或‘圣洁’的性质，随便使用是一种亵渎行为。违反这种禁忌会招致不幸，遵循这一禁忌，会带来幸福。二是对受鄙视的贱物及不洁、危险之物，不许随便接触，违反这种禁忌，同样会招致不幸。”

以《祝福》为例。鲁迅描写的鲁镇，同样奉行“男不拜月，女不祭灶”的禁忌，所以“拜的却只限几个男人”，如只有四叔才能祭拜，四婶是轮不到的，但四婶有资格碰祭器，而祥林嫂是连祭器也不能碰的，因为她是“受鄙视的贱物及不洁、危险之物”，是犯禁的。

祥林嫂有五大犯忌，不能参加祝福的准备工作：

一，年纪轻轻克死了丈夫；二，生是夫家的人，死是夫家的鬼，她却从婆家跑出来，是大逆不道的；三，丈夫死了，女人也就跟着死了，是活着的死人，俗称“未亡人”，寡妇绝不许再嫁，但祥林嫂却第二次嫁人；四，再婚两年又克死了丈夫，是“扫帚星”；五，不孝有三，无后为大，她竟然又克死了儿子阿毛。她的命硬得可以克掉一切，怎么可以去碰神圣而隆重的祝福仪式的祭品呢？这是断断不能的。不洁之人是不能接触祭器的，否则祭礼的灵验就会被破坏掉，神灵也不会领供奉之情。但是，她对节日禁忌毫无知觉，理所当然地就去拿，结果第六次犯忌：

“祥林嫂，你放着罢，我来摆。”四婶慌忙的说。

“祥林嫂，你放着罢，我来拿！”四婶又慌忙的说。

“你放着罢，祥林嫂！”四婶慌忙大声说。

尽管她捐了十二元鹰洋，也改变不了“不洁”“不吉”的“本质”。四婶从紧张惶急到先下命令“你放着罢”而后再到叫祥林嫂名字的地步，至此，“祥林嫂像是受了炮烙似的……”可见，祝福的节日禁忌是如何在最后剿杀了祥林嫂的。就连她的死，也是犯忌的，因为正好是祝福的时候死的，而盛大的祝福是忌讳死的。于是鲁四老爷便骂道：

“不早不迟，偏偏在这个时候，可见是个谬种。”

祥林嫂如此惨死，被祝福活活地禁锢至死，死后，还要被禁忌的维护者，道貌岸然的“儒学之士”恶骂，可以想见节日禁忌的可怕，迷信的可怕，由民俗上升到礼教的可怕。祥林嫂的悲剧正如戴震所说的那样：“人死于法，犹有怜之者；死于理，其谁怜之！酷吏以法杀人，后儒以礼杀人，漫漫乎舍法而论理，死矣，更无可救矣！”祥林嫂和鲁镇上的人信奉并接受了传统节日及禁忌，从而导致了祥林嫂的悲剧。

（5）在特定的节日民俗活动中揭示主题

鲁迅先生在小说《药》的最后一部分中写到清明节的习俗。清明节，素有扫墓、寄托哀思的习俗。一方面，人们清除杂草，给坟上添几锹土，或插些花；另一方面准备一些祭品，烧几张纸钱，在树枝上挂些纸条，举行简单的祭祀仪式，以表示对死者的怀念。华大妈和夏四奶奶的儿子都是去年才死的，自然也在清明节日扫墓。但作者意不在扫墓，在乎借清明节上坟的冷落、凄凉、阴森，既写出坟场特有的愁惨和鬼气，又进一步来揭露国民的愚昧、不觉悟。

这一年的清明，分外寒冷；杨柳才吐出半粒米大的新芽。天明未久，华大妈已在右边的一坐新坟前面，排出四碟菜，一碗饭，哭了一场。化过纸，呆呆的坐在地上……

作者借华大妈给儿子上坟来巧妙地告诉读者：小栓终究还是死了，尽管吃了人血馒头，但它到底不是拯救小栓的良药。通过华大妈在清明节上坟这个节俗活动揭示了：一方面，民众对封建迷信深信不疑，却深受其害，愚昧落后至极，只有死的结局；另一方面，至死都不能幡然觉悟的“华小栓、华大妈”们，什么良药才能医治他们思想的顽疾呢，就连革命者的母亲也不能理解“分明有一圈圆圆的白花，围着那尖圆的坟顶”，甚至寄希望于乌鸦让儿子显灵，让乌鸦飞上儿子的坟顶。假如小说缺少夏四奶奶在清明节上坟时看到儿子坟顶的一圈花环这一特定的节日习俗，恐怕会削弱小说批判的力度和深度。因为母亲尚且不能理解儿子死亡的含义，他人又怎能理解。革命者何其悲哀，老百姓何其不觉悟。鲁迅抓住清明节祭祀的习俗，进一步深化了主题，引发读者进入深层的思考。

4. 风俗写作前的准备

(1) 话题理解

中国是一个具有悠久历史的国家，自古以来就有独特的节日习俗，如：春节、端午节、重阳节、中秋节等，彝族的火把节，傣族的傣族泼水节，西藏的雪顿节，等等。

在这些节日中，汉族有许多具有民族特色的民风民俗，插艾叶、赛龙舟、贴春联与倒福、舞龙灯、赏月等，又有许多显示不同地域特色的民间风俗，如新疆维吾尔族有最富民族特色的顶碗舞、盘子舞、手鼓舞等，以及婚丧嫁娶时的抓饭习俗；广州的凉茶、迎春花市习惯；等等。在这些民俗民风中，无不显示了中华民族的传统文化与民俗魅力。

(2) 写法提示

①“百里不同风，千里不同俗。”中国民俗民风可谓形式多样，五彩斑斓，极其广泛、丰富。在写作时，我们可以选取某一个方面进行提炼写作。可以写节日习俗，也可以在节日中的风俗习惯或饮食文

化中选取自己认为最熟悉的一个题材进行写作。无论哪一种题材的写作，都必须深入挖掘这种民俗习惯的艺术魅力与强大的生命力。

②我们可以从众多的民俗民风中选择一个极小的细节来写，在一次春联的张贴中，一次花灯的制作中，一次龙舟的竞赛中，从这些细小的事件里展现中国民俗文化的深刻内涵与辉煌的艺术魅力。

③无论是淳厚朴实的节日习俗，还是与众不同的民俗习惯；无论是共有的传统节日，还是各民族特有的风俗习惯；无论是各具特色的服饰文化，还是丰富多彩的饮食习惯；无论是对风俗根源的探索，还是对习俗形式的研究，最终都要为表现“民俗民风的艺术魅力”服务。

④体裁多样化，形式丰富化。可以写成记叙文，通过自己的独特视角再现某一传统节日的真实情景，表现百姓生活的多姿多彩，剪窗花、踩高跷、变戏法、舞狮子、耍龙灯、逛庙会等传统文化习俗。可以写成散文，采用“一线串珠”的方法，从各种习俗中拾取相关的内容将之“串”在一起，来丰富文章的内容，渲染节日的欢快、喜庆气氛。还可以查找相关资料，写某种民间习俗的来历与传承，揭示这些习俗与百姓生活的关系。也可以为这些习俗编写小故事，以童话、民间故事、小说等形式表达出人们对美好事物的追求与热爱。总之，写法可以多种多样，形式可以丰富多彩，以表现中国民俗文化的强大魅力。

5. 风俗写作的方法

民风民俗类作文是一种比较好写的话题作文，我们生活的每个方面都有各自延续传承的独特的民俗。但民俗文化涵盖的内容太广泛，很多人只知其中一二，如窥冰山一角，对丰富的民俗文化的真正内涵知之甚少。因此，要写好此类文章应做到以下几点。

（1）搜集丰富的相关资料，挖掘民俗文化的内涵

我们要写有关春节风俗的文章，就要搜集其相关的资料，如：春节的起源，贴春联，吃年夜饭，放爆竹，祭祖，守岁，拜年，等等。只有了解了这些风俗，我们才能全面了解春节。

（2）筛选素材

虽然我们搜集的资料很多，但是不可能全部都用到作文里，这就要根据写作主题进行取舍了。如写“过小年”，就要选择腊月二十三的祭灶、吃灶糖、吃年糕等内容，其他如拜年之类的内容就没必要写了。

（3）合理安排材料

这里涉及两个问题：一是材料的详略问题。对表现主题的素材要详写，和主题关系不大的可略写，没有关系的就不写。只有材料详略得当，才能凸显文章的主旨。如写春节放爆竹，就可以介绍放爆竹的民间传说，既丰富了文章内容，也增加了文章的内涵。二是材料安排的先后顺序。不可随意堆砌选择好的材料，要有统筹全文的能力，在总体构建好文章后，要合理安排所用材料的顺序。

（4）选择合适的文体

一般来说，记叙文比较好写。如拟题为《拜年》，就可以通过捕述自己和家人拜年的事情来展现家乡新年的礼俗。说明文也是比较适用的一种文体。如要写《年糕》一文，就重点介绍制作年糕的选料，枣不一定要大，但一定要甜，面一定要选黏度高的，和面的水温要适宜和制作的程序等等，让读者清楚地了解好吃的年糕是怎样被制作出来的。另外，还可以在文中加入“民间为什么在过小年时有吃年糕的习俗”，以增强文章的可读性。议论文也可以作为候选文体。我们可对家乡的某些民俗进行评论，如批评带有迷信色彩的民俗。也可以大力宣传一些有意义的民俗，如地方的秧歌舞、龙舟赛等，其不仅活跃了节日的气氛，丰富了人们的业余生活，而且是一项健康的体育运动。

6. 风俗写作的常见病

(1) 写法笼统，下笔轻率

很多学生在写此类作文时，只是记叙一次传统习俗或节日的过程，不会深入挖掘其中的内涵，更不能表现其艺术魅力。写节日时，只是渲染其气氛，并不能总结出节日与文化的关系。如除夕之夜的团圆饭，其实是希望全家“团团圆圆”的意思，有的地方正月初一早上要吃甜枣与面条，实际是取“甜甜蜜蜜、长命百岁”之意。

(2) 文章无特点、特色

既然是民俗魅力，就应该有地方特色，找出其中与众不同的地方，显示其独特的文化内涵。如少数民族的节日习俗与汉族就有截然不同的特点与意义，但很多学生的作文表现的内容往往一般化。

(3) 没有适当引用典故、传说

节日习俗的由来，有很多是与历史人物与传说相联系的。在写这些习俗的时候，可以穿插这些历史故事，以增加文章的生动性与丰富性。如寒食节与重耳有关，吃粽子、寒龙舟与屈原有关，以从这些习俗与人物的关系中，深入挖掘它们的文化与艺术魅力。

（4）千篇一律，无构思

很多同学写文章，都千篇一律，毫无新奇可言。要写出新意，就必须别开生面，有与众不同的构思。写作时，可以采用“反弹琵琶法”，通过某一种民间习俗被遗忘或被“改姓”，表现出拯救某些民俗文化的紧迫感、危机感，激发大家保护风俗文化的主人公意识。这种写法往往别有洞天，使文章独辟蹊径，熠熠生辉。

第二章

风俗描写范文阅读

1. 长明灯

◉鲁　迅

春阴的下午，吉光屯唯一的茶馆子里的空气又有些紧张了，人们的耳朵里，仿佛还留着一种微细沉实的声息——“熄掉他罢！”

但当然并不是全屯的人们都如此。这屯上的居民是不大出行的，动一动就须查黄历，看那上面是否写着“不宜出行”；倘没有写，出去也须先走喜神方，迎吉利。不拘禁忌地坐在茶馆里的不过几个以豁达自居的青年人，但在蛰居人的意中却以为个个都是败家子。

现在也无非就是这茶馆里的空气有些紧张。

“还是这样么？”三角脸的拿起茶碗，问。

“听说，还是这样，”方头说，“还是尽说‘熄掉他熄掉他’。眼光也越加发闪了。见鬼！这是我们屯上的一个大害，你不要看得微细。我们倒应该想个法子来除掉他！”

“除掉他，算什么一回事。他不过是一个……。什么东西！造庙的时候，他的祖宗就捐过钱，现在他却要来吹熄长明灯。这不是不肖子孙？我们上县去，送他忤逆！”阔亭捏了拳头，在桌上一击，慷慨地说。一只斜盖着的茶碗盖子也噫的一声，翻了身。

“不成。要送忤逆，须是他的父母，母舅……”方头说。

“可惜他只有一个伯父……”阔亭立刻颓唐了。

“阔亭！”方头突然叫道。“你昨天的牌风可好？”

阔亭睁着眼看了他一会，没有便答；胖脸的庄七光已经放开喉咙嚷起来了：

“吹熄了灯，我们的吉光屯还成什么吉光屯，不就完了么？老年人不都说么：这灯还是梁武帝点起的，一直传下来，没有熄过；连长毛造反的时候也没有熄过……。你看，啧，那火光不是绿莹莹的么？外路人经过这里的都要看一看，都称赞……。啧，多么好……。他现在这么胡闹，什么意思？……”

“他不是发了疯么？你还没有知道？”方头带些藐视的神气说。

“哼，你聪明！”庄七光的脸上就走了油。

“我想：还不如用老法子骗他一骗，”灰五婶，本店的主人兼工人，本来是旁听着的，看见形势有些离了她专注的本题了，便赶忙来岔开纷争，拉到正经事上去。

“什么老法子？”庄七光诧异地问。

“他不是先就发过一回疯么，和现在一模一样。那时他的父亲还在，骗了他一骗，就治好了。”

“怎么骗？我怎么不知道？”庄七光更其诧异地问。

“你怎么会知道？那时你们都还是小把戏呢，单知道喝奶拉矢。便是我，那时也不这样。你看我那时的一双手呵，真是粉嫩粉嫩……”

“你现在也还是粉嫩粉嫩……”方头说。

“放你妈的屁！”灰五婶怒目地笑了起来，“莫胡说了。我们讲正经话。他那时也还年青哩；他的老子也就有些疯的。听说：有一天他的祖父带他进社庙去，教他拜社老爷，瘟将军，王灵官老爷，他就害怕了，硬不拜，跑了出来，从此便有些怪。后来就像现在一样，一见人总和他们商量吹熄正殿上的长明灯。他说熄了便再不会有蝗虫和病痛，真是像一件天大的正事似的。大约那是邪祟附了体，怕见正路神道了。要是我们，会怕见社老爷么？你们的茶不冷了么？对一点热水罢。好，他后来就自己闯进去，要去吹。他的老子又太疼爱他，不肯将他锁起来。呵，后来不是全屯动了公愤，和他老子去吵闹了么？可是，没有办法，——幸亏我家的死鬼那时还在，给想了一个法：将长明灯用厚棉被一围，漆漆黑黑地，领他去看，说是已经吹熄了。”

“唉唉，这真亏他想得出。”三角脸吐一口气，说，不胜感服之至似的。

“费什么这样的手脚，”阔亭愤愤地说，“这样的东西，打死了就完了，吓！”

“那怎么行？”她吃惊地看着他，连忙摇手道，“那怎么行！他的祖父不是捏过印靶子的么？”

阔亭们立刻面面相觑，觉得除了“死鬼”的妙法以外，也委实无法可想了。

“后来就好了的！”她又用手背抹去一些嘴角上的白沫，更快地说，“后来全好了的！他从此也就不再走进庙门去，也不再提起什么来，许多年。不知道怎么这同看了赛会之后不多几天，又疯了起来了。哦，同先前一模一样。午后他就走过这里，一定又上庙里去了。你们和四爷商量商量去，还是再骗他一骗好。那灯不是梁五弟点起来的么？不是说，那灯一灭，这里就要变海，我们就都要变泥鳅么？你们快去和四爷商量商量罢，要不……”

“我们还是先到庙前去看一看。”方头说着，便轩昂地出了门。

阔亭和庄七光也跟着出去了。三角脸走得最后，将到门口，回过头来说道：

“这回就记了我的账！入他……。”

灰五婶答应着，走到东墙下拾起一块木炭来，就在墙上画有一个小三角形和一串短短的细线的下面，划添了两条线。

他们望见社庙的时候，果然一并看到了几个人：一个正是他，两个是闲看的，三个是孩子。

但庙门却紧紧地关着。

“好！庙门还关着。”阔亭高兴地说。

他们一走近，孩子们似乎也都胆壮，围近去了。本来对了庙门立着的他，也转过脸来对他们看。

他也还如平常一样，黄的方脸和蓝布破大衫，只在浓眉底下的大而且长的眼睛中，略带些异样的光闪，看人就许多工夫不眨眼，并且总含着悲愤疑惧的神情。短的头发上粘着两片稻草叶，那该是孩子暗暗地从背后给他放上去的，因为他们向他头上一看之后，就都缩了颈子，笑着将舌头很快地一伸。

他们站定了，各人都互看着别个的脸。

“你干什么？”但三角脸终于走上一步，诘问了。

“我叫老黑开门，”他低声，温和地说。“就因为那一盏灯必须吹熄。你看，三头六臂的蓝脸，三只眼睛，长帽，半个的头，牛头和猪牙齿，都应该吹熄……吹熄。吹熄，我们就不会有蝗虫，不会有猪嘴瘟……。”

“唏唏，胡闹！”阔亭轻蔑地笑了出来，“你吹熄了灯，蝗虫会还要多，你就要生猪嘴瘟！”

“唏唏！”庄七光也陪着笑。

一个赤膊孩子擎起他玩弄着的苇子，对他瞄准着，将樱桃似的小口一张，道：

“吧！”

“你还是回去罢！倘不，你的伯伯会打断你的骨头！灯么，我替你吹。你过几天来看就知道。”阔亭大声说。

他两眼更发出闪闪的光来，钉一般看定阔亭的眼，使阔亭的眼光赶紧辟易了。

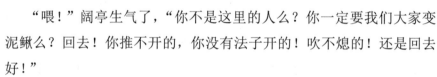

“你吹？”他嘲笑似的微笑，但接着就坚定地说，“不能！不要你们。我自己去熄，此刻去熄！”

阔亭便立刻颓唐得酒醒之后似的无力；方头却已站上去了，慢慢地说道：

“你是一向懂事的，这一回可是太糊涂了。让我来开导你罢，你也许能够明白。就是吹熄了灯，那些东西不是还在么？不要这么傻头傻脑了，还是回去！睡觉去！”

“我知道的，熄了也还在。”他忽又现出阴鸷的笑容，但是立即收敛了，沉实地说道，“然而我只能姑且这么办。我先来这么办，容易些。我就要吹熄他，自己熄！”他说着，一面就转过身去竭力地推庙门。

“喂！”阔亭生气了，“你不是这里的人么？你一定要我们大家变泥鳅么？回去！你推不开的，你没有法子开的！吹不熄的！还是回去好！”

“我不回去！我要吹熄他！”

“不成！你没法开！”

“…………”

“你没法开！”

“那么，就用别的法子来。”他转脸向他们一瞥，沉静地说。

“哼，看你有什么别的法。”

“…………”

“看你有什么别的法！”

“我放火。”

“什么？”阔亭疑心自己没有听清楚。

“我放火！”

沉默像一声清磬，摇曳着尾声，周围的活物都在其中凝结了。但不一会，就有几个人交头接耳，不一会，又都退了开去；两三人又在略远的地方站住了。庙后门的墙外就有庄七光的声音喊道：

“老黑呀，不对了！你庙门要关得紧！老黑呀，你听清了么？关得紧！我们去想了法子就来！”

但他似乎并不留心别的事，只闪烁着狂热的眼光，在地上，在空中，在人身上，迅速地搜查，仿佛想要寻火种。

方头和阔亭在几家的大门里穿梭一般出入了一通之后，吉光屯全局顿然扰动了。许多人们的耳朵里，心里，都有了一个可怕的声音：“放火！”但自然还有多少更深的蛰居人的耳朵里心里是全没有。然而全屯的空气也就紧张起来，凡有感得这紧张的人们，都很不安，仿佛自己就要变成泥鳅，天下从此毁灭。他们自然也隐约知道毁灭的不过是吉光屯，但也觉得吉光屯似乎就是天下。

这事件的中枢，不久就凑在四爷的客厅上了。坐在首座上的是年高德韶的郭老娃，脸上已经皱得如风干的香橙，还要用手捋着下颏上的白胡须，似乎想将他们拔下。

“上半天，”他放松了胡子，慢慢地说，“西头，老富的中风，他的儿子，就说是：因为，社神不安，之故。这样一来，将来，万一有，什么，鸡犬不宁，的事，就难免要到，府上……是的，都要来到府上，麻烦。”

“是么，”四爷也捋着上唇的花白的鲇鱼须，却悠悠然，仿佛全不在意模样，说，“这也是他父亲的报应呵。他自己在世的时候，不就是不相信菩萨么？我那时就和他不合，可是一点也奈何他不得。现在，叫我还有什么法？”

“我想，只有，一个。是的，有一个。明天，捆上城去，给他在那个，那个城隍庙里，搁一夜，是的，搁一夜，赶一赶，邪祟。”

阔亭和方头以守护全屯的劳绩，不但第一次走进这一个不易瞻仰的客厅，并且还坐在老娃之下和四爷之上，而且还有茶喝。他们跟着老娃进来，报告之后，就只是喝茶，喝干之后，也不开口，但此时阔亭忽然发表意见了：

“这办法太慢！他们两个还管着呢。最要紧的是马上怎么办。如果真是烧将起来……”

郭老娃吓了一跳，下巴有些发抖。

“如果真是烧将起来……”方头抢着说。

“那么，”阔亭大声道，“就糟了！”

一个黄头发的女孩子又来冲上茶。阔亭便不再说话，立即拿起茶来喝。浑身一抖，放下了，伸出舌尖来舐了一舐上嘴唇，揭去碗盖嘘嘘地吹着。

“真是拖累煞人！”四爷将手在桌上轻轻一拍，“这种子孙，真该死呵！唉！”

“的确，该死的。”阔亭抬起头来了，“去年，连各庄就打死一个：这种子孙。大家一口咬定，说是同时同刻，大家一齐动手，分不出打第一下的是谁，后来什么事也没有。”

“那又是一回事。”方头说，“这回，他们管着呢。我们得赶紧想法子。我想……”

老娃和四爷都肃然地看着他的脸。

“我想：倒不如姑且将他关起来。”

“那倒也是一个妥当的办法。”四爷微微地点一点头。

“妥当！”阔亭说。

“那倒，确是，一个妥当的，办法。”老娃说，“我们，现在，就将他，拖到府上来。府上，就赶快，收拾出，一间屋子来。还，准备着，锁。”

“屋子？”四爷仰了脸，想了一会，说，“舍间可是没有这样的闲房。他也说不定什么时候才会好……”

“就用，他，自己的……”老娃说。

“我家的六顺，”四爷忽然严肃而且悲哀地说，声音也有些发抖了。“秋天就要娶亲……。你看，他年纪这么大了，单知道发疯，不肯成家立业。舍弟也做了一世人，虽然也不大安分，可是香火总归是绝不得的……。”

“那自然！”三个人异口同音地说。

“六顺生了儿子，我想第二个就可以过继给他。但是，——别人的儿子，可以白要的么？”

“那不能！”三个人异口同音地说。

“这一间破屋，和我是不相干；六顺也不在乎此。可是，将亲生的孩子白白给人，做母亲的怕不能就这么松爽罢？”

“那自然！”三个人异口同音地说。

四爷沉默了。三个人交互看着别人的脸。

“我是天天盼望他好起来，”四爷在暂时静穆之后，这才缓缓地说，“可是他总不好。也不是不好，是他自己不要好。无法可想，就照这一位所说似的关起来，免得害人，出他父亲的丑，也许倒反好，倒是对得起他的父亲……。”

“那自然，”阔亭感动的说，“可是，房子……”

“庙里就没有闲房？……”四爷慢腾腾地问道。

“有！”阔亭恍然道，“有！进大门的西边那一间就空着，又只有一个小方窗，粗木直栅的，决计挖不开。好极了！”

老娃和方头也顿然都显了欢喜的神色；阔亭吐一口气，尖着嘴唇就喝茶。

未到黄昏时分，天下已经泰平，或者竟是全都忘却了，人们的脸上不特已不紧张，并且早褪尽了先前的喜悦的痕迹。在庙前，人们的足迹自然比平日多，但不久也就稀少了。只因为关了几天门，孩子们不能进去玩，便觉得这一天在院子里格外玩得有趣，吃过了晚饭，还有几个跑到庙里去游戏，猜谜。

“你猜。”一个最大的说，“我再说一遍：

白篷船，红划楫，
摇到对岸歇一歇，
点心吃一些，
戏文唱一出。”

“那是什么呢？‘红划楫’的。”一个女孩说。

“我说出来罢，那是……”

“慢一慢！”生癞头疮的说，“我猜着了，航船。”

“航船。”赤膊的也道。

“哈，航船？”最大的道，“航船是摇橹的。他会唱戏文么？你们猜不着。我说出来罢……”

“慢一慢，”癞头疮还说。

“哼，你猜不着。我说出来罢，那是：鹅。”

“鹅！”女孩笑着说，“红划楫的。”

“怎么又是白篷船呢？”赤膊的问。

“我放火！”

孩子们都吃惊，立时记起他来，一齐注视西厢房，又看见一只手扳着木栅，一只手撕着木皮，其间有两只眼睛闪闪地发亮。

沉默只一瞬间，癞头疮忽而发一声喊，拔步就跑；其余的也都笑着嚷着跑出去了。赤膊的还将苇子向后一指，从喘吁吁的樱桃似的小嘴唇里吐出清脆的一声道：

“吧！”

从此完全静寂了，暮色下来，绿莹莹的长明灯更其分明地照出神殿，神龛，而且照到院子，照到木栅里的昏暗。

孩子们跑出庙外也就立定，牵着手，慢慢地向自己的家走去，都笑吟吟地，合唱着随口编派的歌：

“白篷船，对岸歇一歇。
此刻熄，自己熄。
戏文唱一出。
我放火！哈哈哈！
火火火，点心吃一些。
戏文唱一出。
…………”

一九二五年三月一日。

2. 钢铁假山

◉夏丏尊

案头有一座钢铁的假山，得之不费一钱，可是在我室内的器物里面，要算是最有重要意味的东西。

它的成为假山，原由于我的利用，本身只是一块粗糙的钢铁片，非但不是什么“吉金乐石”，说出来一定会叫人发指，是一二八之役日人所掷的炸弹的裂块。

这已是三年前的事了。日军才退出，我到江湾立达学园去视察被害的实况，在满目凄怆的环境中徘徊了几小时，归途拾得这片钢铁回来。这种钢铁片，据说就是炸弹的裂块，有大有小，那时在立达学园附近触目皆是，我所拾的只是小小的一块。阔约六寸，高约三寸，厚约二寸，重约一斤。一面还大体保存着圆筒式的弧形，从弧线的圆度推测起来，原来的直径应有一尺光景，不知是多少磅重的炸弹了。另一面是破裂面，巉削凹凸，有些部分像峭壁，有些部分像危岩，锋棱锐利得同刀口一样。

江湾一带曾因战事炸毁过许多房子，炸杀过许多人。仅就立达学园一处说，校舍被毁的过半数，那次我去时，瓦砾场上还见到未被收敛的死尸。这小小的一块炸弹裂片，当然参与过残暴的工作，和刽子手所用的刀一样，有着血腥气的。论到证据的性质，这确是“铁证”了。

我把这铁证放在案头上作种种的联想，因为锋棱又锐利摆不平稳，每一转动，桌上就起擦损的痕迹。最初就想配了架子当作假山来摆。继而觉得把惨痛的历史的证物变装为骨董性的东西，是不应该的。一向传来的骨董品中，有许多原是历史的遗迹，可是一经穿上了骨董的衣服，就减少了历史的刺激性，只当作古董品被人玩耍了。

这块粗糙的钢铁，不久就被我从案头收起，藏在别处，忆起时才取出来看。新近搬家整理物件时被家人弃置在杂屑篓里，找寻了许久才发现。为永久保藏起见，颇费过些思量。摆在案头吧，不平稳，而且要擦伤桌面。藏在衣箱里吧，防铁锈沾惹坏衣服，并且拿取也不便。

想来想去，还是去配了架子当作假山来摆在案头好。于是就托人到城隍庙一带红木铺去配架子。

现在，这块钢铁片已安放在小小的红木架上，当作假山摆在我的案头了。时间经过三年之久，全体盖满了黄褐色的铁锈，凹人处锈得更浓。碎裂的整块的，像沈石田的峭壁，细杂的一部分像黄子久的皴法，峰冈起伏的轮廓有些像倪云林。客人初见到这座假山的，都称赞它有画意，问我从什么地方获得。家里的人对它也重视起来，不会再投入杂屑篓里去了。

这块钢铁片现在总算已得到了一个处置和保存的方法了，可是同时却不幸地着上了一件骨董的衣裳，为减少骨董性显出历史性起见，我想写些文字上去，使它在人的眼中不仅是富有画意的假山。

写些什么文字呢？诗歌或铭吗？我不愿在这严重的史迹上弄轻薄的文字游戏，宁愿老老实实地写几句记实的话。用什么来写呢？墨色在铁上是显不出的，照理该用血来写，必不得已，就用血色的朱漆吧。今天已是二十四年的一月十日了，再过十八日，就是今年的“一·二八”，我打算在“一·二八”那天来写。

3. 整理好了的箱子

◉ 夏丏尊

他傍晚从办事的地方回家，见马路上逃难的情形较前几日更厉害了。满载着铺盖箱子的黄包车、汽车、搬场车，衔头接尾地齐向租界方面跑。人行道上一群一群地立着看的人，有的在交头接耳谈着什么，神情慌张得很。

他自己的里门口，也有许多人在忙乱地进出，弄里面还停放着好几辆搬场车子。

她已在房内整理好了箱子。

“看来非搬不可了，弄里的人家差不多快要搬空。本来留剩的已没几家，今天上午搬的有十三号、十六号，下午搬约有三号、十九号，方才又有两部车子开进里面来，不知道又是哪几家要搬。你看我们怎样？”

“搬到哪里去呢？听说黄包车要一块钱一部，汽车要隔夜预定，旅馆又家家客满。倒不如依我的话，听其自然吧。我不相信真个会打仗。”

“半点钟前王先生特来关照，说他本来也和你一样，不预备搬的，昨天已搬到法租界去了。他有一个亲戚在南京做官，据说这次真要打仗了。他又说，闸北一带今天晚上十二点钟就要开火，叫我们把箱子先搬出几只，人等炮声响了再说。”

“所以你在整理箱子？我和你没有什么好衣服，这几只箱子值得多少钱呢？”

“你又来了，‘一·二八’那回也是你不肯先搬，后来光身逃出，弄得替换衫裤都没有，件件要重做，到现在还没添配舒齐。难道又要……”

“如果中国政府真个会和人家打仗，我们什么都该牺牲，区区不值钱的几只箱子算什么？恐怕都是些谣言吧。”

“……”

几只整理好了的箱子胡乱地叠在屋角。她悄然对了这几只箱子看。

搬场汽车啵啵地接连开出以后，弄里面赖以打破黄昏的寂寞的只是晚报的叫卖声。晚报用了枣子样的大字列着“××× 不日飞京，共赴国难，精诚团结有望”“五全大会开会”等等的标题。

他傍晚从办事的地方回家，带来了几种报纸，里面有许多平安的消息，什么“军政部长何应钦声明对日亲善外交决不变更”，什么“窦乐安路日兵撤退”，什么“日本总领事声明决无战事”，什么“市政府禁止搬场”。她见了这些大字标题，一星期来的愁眉为之一松。

“我的话不错吧，终究是谣言。哪里会打什么仗！”

“我们幸而不搬。隔壁张家这次搬场，听说花了两三百块钱呢。还有宝山路李家，听说一家在旅馆里困地板，连吃连住要十多块钱一天的开销，家里昨天晚上还着了贼偷。李太太今天到这里，说起来要下泪。都是造谣言的害人。”

“总之，中国人难做是真的。——这几只箱子不知道要到什么时候才有牺牲的机会呢？”

几只整理好了的箱子胡乱地叠在屋角。他悄然地对了这几只箱子看。

打破里内黄昏的寂寞的仍旧还只有晚报的叫卖声，晚报上用枣子样的大字列着的标题是：“日兵云集榆关”。

4. 日本的障子

◉夏丏尊

编者要我写些关于日本的东西，题材听我自找所喜欢的。我对于日本的东西，有不喜欢的，如“下驮”之类，也有喜欢的，如“障子”之类。既然说喜欢什么就写什么，那么让我来写“障子”吧。

所谓“障子”就是方格子的糊纸的窗户。纸窗是中国旧式家屋中常见到的，纸户纸门却不多见。中国家屋受了洋房的影响，即不是洋房，窗户也用玻璃了。日本则除真正的洋房以外，窗户还是用纸，不用玻璃。障子在日本建筑中是重要的特征之一。

据近来西洋学者的研究，太阳的紫外线通过纸较通过玻璃容易，纸窗在健康上比玻璃窗好得多。我喜欢日本的障子，并非立脚于最近的科学上的研究，只是因为它富于情趣的缘故。

纸窗在我国向是诗的题材，东坡的“岁云尽矣，风雨凄然。纸窗竹屋，灯火荧荧。时于此中，得稍佳趣。”是能道出纸窗的情味的。姜白石的“等恁时重觅幽香，已人小窗横幅。”当然也是纸窗特有的情味。这种情味是在玻璃窗下的人所不能领略的，尤其是玻璃窗外附装着铁杆子的家屋的住民。

日本的障子比中国的纸窗范围用得更广，不但窗子用纸糊，门户也用纸糊。日本人是席地而坐的，室内并无桌椅床等类的家具，空空的房子，除了天花板、墙壁、席子以外，就是障子了。障子通常是开着的，住在室内，不象玻璃窗户的内外通见，比较安静得多。阳光射到室内，灯光映到室外，都柔和可爱。至于那剪影似的轮廓鲜明的人影，更饶情趣，除了日本，任何地方都难得看到。

日本障子的所以特别可爱，似乎有几个原因。第一是格孔大，木杆细，看去简单明了。中国现在的纸窗，格孔小，木杆又粗，有的还要拼出种种的花样图案，结果所显出的纸的部分太少了。第二是不施髹漆，日本家屋凡遇木材的部分，不论柱子，天花板，廊下地板，扶梯，都保存原来的自然颜色，不涂髹彩。障子也是原色的，木材过了若干时，呈楠木似的浅褐色，和糊上去的白纸，色很调和。第三是制作完密，拉移轻便。日本家屋的门户用不着铁链，通常都是左右拉移。制作障子有专门工匠，用的是轻木材，合笋对缝，非常准确。不必多费气力，就能“嘶”地拉开，“嘶”地拉拢。第四是纸质的良好。日本的皮纸洁白而薄，本是讨人欢喜的。中国从前所用的糊窗纸，俗名“东洋皮纸”，也是从日本输入的，可是质料很差，不及日本人自己所用的“障子纸”好。障子纸洁白匀净，他们糊上格子去又顶真，拼接的地方一定在窗棂上，看不出接合的痕迹。日常拂拭甚勤，纸上不留纤尘，每年改糊二三次，所以总是干净洁白的。

日本趣味的可爱的一端是淡雅。日本很有许多淡雅的东西，如盆栽，如花卉屏插，如茶具，如庭园布置，如风景点缀，都是大家所赞许的。我以为最足代表的是障子，如果没有障子，恐怕一切都会改换情调，不但庭园、风景要失去日本的固有的情味，屏插、茶具等等的原来的雅趣也将难以调和了吧。

日本的文化在未与西洋接触以前，十之八九是中国文化的摹仿。他们的雅趣，不消说是从中国学去的，即就盆栽一种而论，就很明白。现在各地花肆中所售的盆栽恶俗难耐，古代的盆栽一定不至恶俗如此。前人图画中所写的盆栽都是很有雅趣的，《浮生六记》里关于盆栽与屏插尚留有许多方法。因此我又想到障子，中国内地还有许多用纸窗的家屋，可是据我所见所闻，那构造与情味远不如日本的障子，也许东坡、白石所歌咏的纸窗，不像现在的样子吧。我们在前人绘画中，偶然也见到式样像日本障子的纸窗。

我喜欢日本的障子。

5. 山响

◉ 许地山

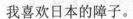

群峰彼此谈得呼呼地响。它们的话语，给我猜着了。

这一峰说：“我们的衣服旧了，该换一换啦。”

那一峰说：“且慢罢，你看，我这衣服好容易从灰白色变成青绿色，又从青绿色变成珊瑚色和黄金色，——质虽是旧的，可是形色还不旧。我们多穿一会罢。”

正在商量的时候，它们身上穿的，都出声哀求说：“饶了我们，让我们歇歇罢。我们的形态都变尽了，再不能为你们争体面了。”

“去罢，去罢，不穿你们也算不得什么。横竖不久我们又有新的穿。”群峰都出着气这样说。说完之后，那红的、黄的彩衣就陆续褪下来。

我们都是天衣，那不可思议的灵，不晓得甚时要把我们穿着得非常破烂，才把我们收入天橱。愿他多用一点气力，及时用我们，使我们得以早早休息。

6. 香

◉ 许地山

妻子说：“良人，你不是爱闻香么？我曾托人到鹿港去买上好的沉香线，现在已经寄到了。”她说着，便抽出妆台的抽屉，取了一条沉香线，燃着，再插在小宣炉中。

我说：“在香烟缭绕之中，得有清谈。给我说一个生番故事罢，不然，就给我谈佛。”

妻子说：“生番故事，太野了。佛更不必说，我也不会说。”

“你就随便说些你所知道的罢，横竖我们都不大懂得；你且说，什么是佛法罢。”

“佛法么？——色，——声，——香，——味，——触，——造作，——思维，都是佛法；惟有爱闻香底爱不是佛法。”

“你又矛盾了！这是什么因明？”

“不明白么？因为你一爱，便成为你的嗜好；那香在你闻觉中，便不是本然的香了。”

7. 不相干的帽子

◉ 邹韬奋

在如今的时代，倘若有人有意害你的话，最简易而巧妙的办法，是不管你平日的实际言行怎样，只要随便硬把一个犯禁的什么派或什么党的帽子戴到你的头上来，便很容易达到他所渴望的目的；因为这样一来，他可以希望你犯着“危害民国紧急治罪法”第几条，轻些可以判你一个无期徒刑，以便和你“久违”“久违”，重些大可结果你的一条性命，那就更爽快干净了。

记者办理本刊向采独立的精神，个人也从未戴过任何党派的帽子。但是近来竟有人不顾事实，硬把和我不相干的帽子戴到我的头上来。有的说是“国家主义派”，读者某君由广州寄来一份当地的某报，里面说“你只要看东北事变发生后，‘生活’周刊对于抗日救国的文章做得那样的热烈，便知道它的国家主义派的色彩是怎样的浓厚！”原来提倡了抗日救国，便是“国家主义派”的证据！那只有步武郑孝胥、谢介石、赵欣伯、熙洽诸公之后，才得免于罪戾！

不久有一位朋友从首都来，很惊慌地告诉我，有人说我加入了什么“左倾作家”，我听了肉麻得冷了半截！我配称为什么“作家”！“左倾作家”又是多么时髦的名词！一右就右到“国家主义派”，一左就左到“左倾作家”，可谓“左”之“右”之，任意所之！如说反对私人资本主义，提倡社会主义，便是“左”，那末中山先生在“民生主义”里讲“平均地权”，讲“节制资本”，讲“民生主义就是社会主义”，何尝不“左”？其实我不管什么叫“左”，什么叫“右”，只知道就大多数民众的立场，有所主张，有所建议，有所批评而已。

最近又有一位读者报告给我一个更离奇的消息，说有人诬陷我在组织什么“劳动社会党”，又说“简称宣劳”，并说中央已密令严查。这种传闻之说，记者当然未敢轻信。甚至疑为捕风捉影之谈。这种冠冕堂皇的名称，我梦都没有梦见过，居然还有什么“简称”！我实在自愧没有这样的力量，也没有这样的资格。

有一天，有一位朋友给我看，某报载张君劢等在北平组织国家社会党，说我“已口头答应加入”。那位记者不知在哪里听见，可惜我自己这个一点不聋的耳朵却从未听见过！

我们在小说里常看见有所谓“三头六臂”，就是有三个头颅，也难于同时戴上这许多帽子，况且区区所受诸母胎者就只这一个独一无二的头颅，大有应接不暇之势，实觉辜负了热心戴帽在鄙人头上者的一番盛意！

根据自己的信仰而加入合于自己理想的政治集团，原是光明磊落的事情，这其中不必即含有什么侮辱的意义。不过我确未加入任何政治集团，既是一桩事实，也用不着说谎。我现在只以中华民族一分子的资格主持本刊，尽其微薄的能力，为民族前途努力，想不致便犯了什么非砍脑袋不可的罪名吧。

要十分客气万分殷勤硬把不相干的帽子戴到区区这个头上来，当然不是我个人值得这样的优待。大不该的是以我的浅陋，竟蒙读者不弃，最初每期二三千份的“生活”，现在居然每期达十余万份（这里面实含着不少同事的辛苦和不少为本刊撰述的朋友的脑汁，决不是我一人的努力），虽夹在外国每期数百万份的刊物里还是好像小巫之见大巫，毫不足道，而在国内似乎已不免有人看不过，乘着患难的时候，大做下井落石的工夫，非替它（“生活”）送终不可。而在他们看来，送终的最巧妙的方法莫过于硬把我这个不识相的家伙推人一个染缸里去染得一身的颜色，最好是染得出红色，因为这样便稳有吃卫生丸的资格。再不然，黄色也好，这样一来，不幸为我所主持的刊物，便非有色彩不可，便可使它关门大吉了。我的态度是一息尚存，还是要干，干到不能再干算数，决不屈服。我认为挫折磨难是锻炼意志增加能力的好机会，讲到这一点，我还要对千方百计诬陷我者表示无限的谢意！

8. 花坞

◉ 郁达夫

“花坞”这一个名字，大约是到过杭州，或在杭州住上几年的人，没有一个不晓得的，尤其是游西溪的人，平常总要一到花坞。二三十年前，汽车不通，公路未筑，要去游一次，真不容易；所以明明知道花坞的幽深清绝，但脚力不健，非好游如好色的诗人，不大会去。现在可不同了，从湖滨向北向西的坐汽车去，不消半个钟头，就能到花坞口外。而花坞的住民，每到了春秋佳日的放假日期，也会成群结队，在花坞口的那座凉亭里鹄候，预备来做一个临时导游的角色，好轻轻快快地赚取游客的两毛小洋；现在的花坞，可真成了第二云栖，或第三九溪十八涧了。

花坞的好处，是在它的三面环山，一谷直下的地理位置，石人坞不及它的深，龙归坞没有它的秀。而竹木萧疏，清溪蜿绕，庵堂错落，尼媪翩翩，更是花坞独有的迷人风韵。将人来比花坞，就像浔阳商妇，老抱琵琶；将花来比花坞，更像碧桃开谢，未死春心；将菜来比花坞，只好说冬菇烧豆腐，汤清而味隽了。

我的第一次去花坞，是在松木场放马山背后养病的时候，记得是一天日和风定的清秋的下午，坐了黄包车，过古荡，过东岳，看了伴风居，访过风木庵（是钱唐丁氏的别业），感到了口渴，就问车夫，这附近可有清静的乞茶之处？他就把我拉到了花坞的中间。

伴凤居虽则结构堂皇，可是里面却也坍败得可以；至于杨家牌楼附近的风木庵哩，丁氏的手迹尚新，茅庵的木架也在，但不晓怎么，一走进去，就感到了一种扑人的霉灰冷气。当时大厅上停在那里的两口丁氏的棺材，想是这一种冷气的发源之处，但泥墙倾圮，蛛网绕梁，与壁上挂在那里的字画屏条一对比，极自然地令人生出了“俯仰之间，已成陈迹”的感想。因为刚刚在看了这两处衰落的别墅之后，所以一到花坞，就觉得清新安逸，像世外桃源的样子了。

自北高峰后，向北直下的这一条坞里，没有洋楼，也没有伟大的建筑，而从竹叶杂树中间透露出来的屋檐半角，女墙一围，看将过去却又显得异常的整洁，异常的清丽。英文字典里有 Cottage 的这一个名字；而形容这些茅屋田庄的安闲小洁的字眼，又有着许多像 Tiny，Dainty，Snug 的绝妙佳词，我虽则还没有到过英国的乡间，但到了花坞，看了这些小庵却不能自已地便想起了这种只在小说里读过的英文字母。我手指着那些在林间散点着的小小的茅庵，回头来就问车夫：“我们可能进去？”车夫说：“自然是可以的。”于是就在一曲溪旁，走上了山路高一段的地方，到了静掩在那里的，双黑板的墙门之外。

车夫使劲敲了几下，庵里的木鱼声停了，接着门里头就有一位女人的声音，问外面谁在敲门。车夫说明了来意，铁门闩一响，半边的门开了，出来迎接我们的，却是一位白发盈头，皱纹很少的老婆婆。

庵里面的洁净，一间一间小房间的布置的清华，以及庭前屋后树木的参差掩映，和厅上佛座下经卷的纵横，你若看了之后，仍不起皈依弃世之心的，我敢断定你就是没有感觉的木石。

那位带发修行的老比丘尼去为我们烧茶煮水的中间，我远远听见了几声从谷底传来的鹊噪的声音；大约天时向暮，乌鸦来归巢了，谷里的静，反因这几声的急噪，而加深了一层。

我们静坐着，喝干了两壶极清极酽的茶后，该回去了。迟疑了一会，我就拿出了一张纸币，当作茶钱，那一位老比丘尼却笑起来了，并且婉慢地说:“先生！这可以不必；我们是清修的庵，茶水是不用钱买的。”

推让了半天，她不得已就将这一元纸币交给了车夫，说:“这给你做个外快罢！”

这老尼的风度，和这一次逛花坞的情趣，我在十余年后的现在，还在津津地感到回味。所以前一礼拜的星期日，和新来杭州住的几位朋友遇见之后，他们问我“上哪里去玩？”我就立时提出了花坞。他们是有一乘自备汽车的，经松木场，过古荡东岳而去花坞，只须二十分钟，就可以到。

十余年来的变革，到花坞里也留下了痕迹。竹木的清幽，山溪的静妙，虽则还同太古时一样，但房屋加多了，地价当然也增高了几百倍；而最令人感到不快的，却是这花坞的住民的变作了狡猾的商人。庵里的尼媪，和退院的老僧，也不像从前的恬淡了，建筑物和器具之类，并且处处还受着了欧洲的下劣趣味的恶化。

同去的几位，因为没有见到十余年前花坞的处女时期，所以仍旧感觉得非常满意，以为九溪十八涧、云栖决没有这样的清幽深邃；但在我的内心，却想起了一位素朴天真，沉静幽娴的少女，忽被有钱有势的人奸了以后又被弃的状态。

9. 记风雨茅庐

◉ 郁达夫

自家想有一所房子的心愿，已经起了好几年了；明明知道创造欲是好，所有欲是坏的事情，但一轮到了自己的头上，总觉得衣食住行四件大事之中的最低限度的享有，是不可以不保住的。我衣并不要锦绣，食也自甘于藜藿，可是住的房子，代步的车子，或者至少也必须一双袜子与鞋子的限度，总得有了才能说话。况且从前曾有一位朋友劝过我说，一个人既生下了地，一块地却不可以没有，活着可以住住立立，或者睡睡坐坐，死了便可以挖一个洞，将已身来埋葬；当然这还是没有火葬，没有公墓以前的时代的话。

自搬到杭州来住后，于不意之中，承友人之情，居然弄到了一块地，从此葬的问题总算解决了；但是住呢，占据的还是别人家的房子。去年春季，写了一篇短短的应景而不希望有什么结果的文章，说自己只想有一所小小的住宅；可是发表了不久，就来了一个回响。一位做建筑事业的朋友先来说：“你若要造房子，我们可以完全效劳。”一位有一点钱的朋友也说“若通融得少一点，或者还可以想法。”四面一凑，于是起造一个风雨茅庐的计划即便成熟到了百分之八十，不知我者谓我有了钱，深知我者谓我冒了险，但是有钱也罢，冒险也罢，人秋以后，总之把这笑话勉强弄成了事实，在现在的寓所之旁，也竟丁丁笃笃地动起了工，造起了房子。这也许是我的Folly，这也许是朋友们对于我的过信，不过从今以后，那些破旧的书籍，以及行军床、旧马子之类，却总可以不再去周游列国，学夫子的栖栖一代了。在这些地方，所有欲原也有它的好处。

本来是空手做的大事，希望当然不能过高；起初我只打算以茅草来代瓦，以涂泥来作壁，起它五间不大不小的平房，聊以过过自己有一所住宅的瘾的；但偶尔在亲戚家一谈，却谈出来了事情。他说：“你要造房屋，也得拣一个日，看一看方向；古代的《周易》，现代的天文地理，却实在是有至理存在那里的呢！”言下他还接连举出了好几个很有证验的实例出来给我听，而在座的其他三四位朋友，并且还同时做了填具脚踏手印的见证人。更奇怪的，是他们所说的这一位具有通天人地眼的奇迹创造者，也是同我们一样，读过哀皮西提，演过代数几何，受过现代高等教育的学校毕业生。经这位亲戚的一介绍，经我的一相信，当初的计划，就变了卦，茅庐变作了瓦屋，五开间的一排营房似的平居，拆作了三开间两开间的两座小蜗庐。中间又起了一座墙，墙上更挖了一个洞；住屋的两旁，也添了许多间的无名的小房间。这么的一来，房屋原多了不少，可同时债台也已经筑得比我的风火围墙还高了几尺。这一座高台基石的奠基者郭相经先生，并且还劝我说：“东南角的龙手太空，要好，还得造一间南向的门楼，楼上面再做上一层水泥的平台才行。”他的这一句话，又恰巧打中了我的下意识里的一个痛处；在这只空角上，这实在也在打算盖起一座塔样的楼来，楼名是十五六年前就想好的，叫作“夕阳楼”。现在这一座塔楼，虽则还没有盖起，可是只打算避避风雨的茅庐一所，却也涂上了朱漆，嵌上了水泥，有点像是外国乡镇里的五六等贫民住宅的样子了；自己虽则不懂阳宅的地理，但在光线不甚明亮的清早或薄暮看起来，倒也觉得郭先生的设计，并没有弄什么玄虚，合科学的方法，仍旧还是对的。所以一定要在光线不甚明亮的时候看的原因，就因为我的胆子毕竟还小，不敢空口说大话要包工用了最好的材料来造我这一座贫民住宅的缘故。这倒还不在话下，有点儿觉得麻烦的，却是预先

想好的那个风雨茅庐的风雅名字与实际的不符。皱眉想了几天，又觉得中国的山人并不入山，儿子的小犬也不是狗的玩意儿，原早已有人在干了，我这样小小的再说一个并不害人的谎，总也不至于有死罪。况且西湖上的那间巍巍乎有点像先施、永安的堆栈似的高大洋楼之以××草舍作名称，也不曾听见说有人去干涉过。多一事不如少一事，九九归原，还是照最初的样子，把我的这间贫民住宅，仍旧叫作了避风雨的茅庐。横额一块，却是因马君武先生这次来杭之便，硬要他伸了疯痛的右手，替我写上的。

10. 烂柯纪梦

◉ 郁达夫

晋王质，伐木至石室中，见童子四人弹琴而歌，质因倚柯听之。童子以一物如枣核与质，质含之便不复饥。俄顷，童子曰："其归！"承声而去，斧柯摧然烂尽。既归，质去家已数十年，亲情凋落，无复向时比矣。

这传说，小时候就听到了，大约总是喜欢念佛的老祖母讲给我们孩子听的神仙故事。和这故事联合在一起的，还有一张习字的时候用的方格红字，叫作"王子去求仙，丹成人九天，山中方七日，世上已千年。"我的所以要把这些儿时的记忆，重新唤起的原因，不过想说一句这故事的普遍流传而已。是以樵子人山，看神仙对弈，斧柯烂尽的事情，各处深山里都可以插得进去，也真怪不得中国各地，有烂柯的遗迹至十余处之多了。但衢州的烂柯山，却是《道书》上所说的"青霞第八洞天"，亦名"景华洞天"的所在，是大家所公认的这烂柯故事的发源本土，也是从金华来衢州游历的人非到不可的地方，故而到衢州的翌日，我们就出发去游柯山（衢州人叫烂柯山都只称柯山）。

十月阳和，本来就是小春的天气，可是我们到烂柯山的那天，觉得比平时的十月，还更加和暖了几分。所以从衢州的小南门出来，打桑树柏树很多的田野里经过，一路上看山看水，走了十六七里路后，在仙寿亭前渡沙步溪，一直到了石桥寺即宝岩寺的脚下，向寺后山上一个通天的大洞看了一眼的时候，方才同从梦里醒转来的人一样，整了一整精神。烂柯山的这一根石梁，实在是伟大，实在是奇怪。

出衢州的南门的时候，眼面前只看得出一排隐隐的青山而已；南门外的桑麻野道，野道旁的池沼清溪，以及牛羊村集，草舍蔗田，风景虽则清丽，但也并不觉得特别的好。可是在仙寿亭前过渡的瞬间，一看那一条澄清澈底的同大江般的溪水，心里已经有点发痒似的想叫起来了，殊不知人山三里，在青葱环绕着的极深奥的区中，更来了这巨人撑足直立似的一个大洞；立在山下，远远望去，就可以从这巨人的胯下，看出后面的一弯碧绿碧绿的青天，云烟缥缈，山意悠闲，清通灵秀，只觉得是身到了另一个天地；一个在城市里住久的俗人，忽人此境，那能够叫他不目瞪口呆，暗暗里要想到成仙成佛的事情上去呢？

石桥寺，即宝岩寺，在烂柯山的南麓，虽说是梁时创建的古刹，但建筑却已经摧毁得不得了了。寺后上山，踏石级走里把路，就可以到那条石梁或石桥的洞下；洞高二十多丈，宽三十余丈，南北的深约三五丈，真像是悬空从山间凿出来的一条石桥，不过平常的桥梁，决没有这样高大的桥洞而已。石桥的上面，仍旧是层层的岩石，洞上一层，也有中空的一条石缝，爬上去俯身一看，是可以看得出天来的，所谓一线天者，就系指这一条小缝而言。再上去，是石桥的顶上，平坦可以建屋，从前有一个塔，造在这最高峰上，现在却只能看出一堆高高突起的瓦砾，塔是早已倾圮尽了。

石桥下南洞口，有一块圆形岩石蹲伏在那里，石的右旁的一个八角亭，就是所谓迟日亭。这亭的高度，总也有三五丈的样子，但你若跑上北面离柯山略远的小山顶上去瞭望过来，只觉得是一堆小小的木堆，塞在洞的旁边。石桥洞底壁上，右首刻着明郡守杨子臣写的“烂柯仙洞”四个大字，左首刻着明郡守李遂写的“天生石梁”四个大字，此外还有许多小字的题名记载的石刻，都因为沙石岩容易风化的缘故，已经剥落得看不清楚了。石桥洞下，有十余块断碑残碣，纵横堆叠在那里。三块宋碑的断片，字迹飞舞雄伟，比黄山谷更加有劲。可惜中国人变乱太多，私心太重，这些旧迹名碑，都已经断残缺裂到了不可收拾的地步。《烂柯山志》编者，在金石部下有一段记事说：

名碑古物之毁于兵燹，宜也；但烂柯山之金石，不幸竟三次被毁于文人，岂非怪事？所谓文人的毁碑，有两次是因建寺而将这些石碑抬了去填过屋基，有一次系一不知姓名者来寺拓碑，拓后便私自将那些较古的碑石凿断敲裂，使后人不复有再见一次的机会。

烂柯山南麓，在上山去的石级旁边，还有许多翁仲石马，乱倒在荒榛漫草之中。翻《烂柯山志》一查，才知道明四川巡抚徐忠烈公，葬在此地，俗称徐天官墓者，就是此处。

在柯山寺的前前后后，赏玩了两三个钟头，更在寺里吃了一顿午饭，我们就又在暖日之下，和做梦似地同到了衢州，因为衢州城里还有几处地方，非去看一下不可。

一是在豆腐铺作场后面的那座天王塔。

二是城东北隅吴征虏将军郑公舍宅而建的那个古刹祥符寺。

三是孔子家庙，及庙内所藏的子贡手刻的楷木孔子及夫人亓官氏像。

这三处当然是以孔庙和楷木孔子像最了为一般人所知道，数千年来的国宝，实在是不容易见到的稀世奇珍。

陪我们去孔庙的，是三衢医院的院长孔熊瑞先生，系孔子第七十三代的裔孙。楷木像藏在孔庙西首的一间楼上，像各高尺余，孔子是朝服执圭的一个坐像，亓官夫人的也是一样的一个，但手中无圭。两像颜色苍黑，刻划遒劲，决不是近代人的刀势。据孔先生告诉我们的话，则这两像素来就说是出于端木子贡之手刻，宋南渡时由衍圣公孔端友抱负来衢，供在家庙的思鲁阁上；即以来衢州后的年限来说，也已经有八九百年的历史了。孔子像的面貌，同一般的画像并不相同，两眼及鼻子很大，颧骨不十分高，须分三挂，下垂及拱起的手际，耳朵也比常人大一点儿。孔子的一个圭，一挂须，及一只耳朵，已经损坏了，现在的系后人补刻嵌入的，刀法和刻纹，与原刻的一比，显见得后人的笔势来得软弱。

孔庙正中殿上，尚有孔子塑像一尊，东西两庑，各有迁衢始祖衍圣公孔端友等的塑像数尊，西首思鲁阁下，还有石刻吴道子画的孔子像碑一块；一座家庙，形式格局，完全是圣庙的大成至圣先师之殿。我虽则还不曾到过曲阜，但在这衢州的孔庙内巡视了一下，闭上眼睛，那座圣地的殿堂，仿佛也可以想象得出来了。

衢州西安门外，新河沿下的浮桥边，原也有江干的花市在的，但比到兰溪的江山船，要逊色得多，所以不纪。

11. 我所知道的康桥

◉ 徐志摩

一

我这一生的周折，大都寻得出感情的线索。不论别的，单说求学。我到英国是为要从卢梭。卢梭来中国时，我已经在美国。他那不确的死耗传到的时候，我真的出眼泪不够，还做悼诗来了。他没有死，我自然高兴。我摆脱了哥伦比亚大博士衔的引诱，买船票过大西洋，想跟这位二十世纪的福禄泰尔认真念一点书去。谁知一到英国才知道事情变样了：一为他在战时主张和平，二为他离婚，卢梭叫康桥给除名了，他原来是 Trinity College 的 fellow，这一来他的 fellowship 也给取消了，他同英国后就在伦敦住下，夫妻两人卖文章过日子。因此我也不曾遂我从学的始愿。我在伦敦政治经济学院里混了半年，正感着闷想换路走的时候，我认识了狄更生先生。狄更生——Goldsworthy Lowes Dickinson——是一个有名的作者，他的《一个中国人通信》（Lettersfrom John Chinaman）与《一个现代聚餐谈话》（A Modern Symposium）两本小册子早得了我的景仰。我第一次会着他是在伦敦国际联盟协会席上，那天林宗孟先生演说，他做主席；第二次是宗孟寓里吃茶，有他。以后我常到他家里去。他看出我的烦闷，劝我到康桥去，他自己是王家学院（King's College）的 fellow。我就写信去问两个学院，回信都说学额早满了，随后还是狄更生先生替我去在他的学院里说好了，给我一个特别生的资格，随意选科听讲。从此黑方巾、黑披袍的风光也被我占着了。初起我在离康桥六英里的乡下叫沙士顿地方租了几间小屋住下，同居的有我从前的夫人张幼仪女士与郭虞裳君。每天一早我坐街车（有时自行车）上学到晚回家。这样的生活过了一个春，但我在康桥还只是个陌生人谁都不认识。康桥的生活，可以说完全不曾尝着，我知道的只是一个图书馆，几个课室，和三两个吃便宜饭的茶食铺子。狄更生常在伦敦或是大陆上，所以也不常见他。那年的秋季我一个人回到康桥，整整有一学年，那时我才有机会接近真正的康桥生活，同时，我也慢慢的“发现”了康桥。我不曾知道过更大的愉快。

二

“单独”是一个耐寻味的现象。我有时想它是任何发见的第一个条件。你要发见你的朋友的“真”，你得有与他单独的机会。你要发见你自己的真，你得给你自己一个单独的机会。你要发见一个地方（地方一样有灵性），你也得有单独玩的机会。我们这一辈子，认真说，能认识几个人？能认识几个地方？我们都是太匆忙，太没有单独的机会。说实话，我连我的本乡都没有什么了解。康桥我要算是有相当交情的，再次许只有新认识的翡冷翠了。啊，那些清晨，那些黄昏，我一个人发疑似的在康桥！绝对的单独。

但一个人要写他最心爱的对象，不论是人是地，是多么使他为难的一个工作？你怕，你怕描坏了它，你怕说过分了恼了它，你怕说太谨慎了辜负了它。我现在想写康桥，也正是这样的心理，我不曾写，我就知道这回是写不好的——况且又是临时逼出来的事情。但我却不能不写，上期预告已经出去了。我想勉强分两节写：一是我所知道的康桥的天然景色；一是我所知道的康桥的学生生活。我今晚只能极简的写些，等以后有兴会时再补。

三

康桥的灵性全在一条河上；康河，我敢说是全世界最秀丽的一条水。河的名字是葛兰大（Granta），也有叫康河（River Gam）的，许有上下流的区别，我不甚清楚。河身多的是曲折，上游是有名的拜伦潭——“Byron’s Pool”——当年拜伦常在那里玩的；有一个老村子叫格兰骞斯德，有一个果子园，你可以躺在累累的桃李荫下吃茶，花果会掉人你的茶杯，小雀子会到你桌上来啄食，那真是别有一番天地。这是上游；下游是从骞斯德顿下去，河面展开，那是春夏间竞舟的场所。上下河分界处有一个坝筑，水流急得很，在星光下听水声，听近村晚钟声，听河畔倦牛刍草声，是我康桥经验中最神秘的一种：大自然的优美、宁静，调谐在这星光与波光的默契中不期然的淹人了你的性灵。

但康河的精华是在它的中权，著名的“Backs”这两岸是几个最蜚声的学院的建筑。从上面一来是 Pembroke，St. Katharine’s，King’s，Clare，Trinity，St. John’s。最令人留连的一节是克莱亚与王家学院的毗连处，克莱亚的秀丽紧邻着王家教堂（King’s Chapel）的宏伟。别的地方尽有更美更庄严的建筑，例如巴黎赛因河的罗浮宫一带，威尼斯的利阿尔多大桥的两岸，翡冷翠维基乌大桥的周遭；但康桥的“Backs”自有它的特长，这不容易用一二个状词来概括，它那脱尽尘埃气的一种清彻秀逸的意境可说是超出了画图而化生了音乐的神味。再没有比这一群建筑更调谐更匀称的了！论画，可比的许只有柯罗（Corot）的田野；论音乐，可比的许只有肖班（Chopin）的夜曲。就这，也不能给你依稀的印象，它给你的美感简直是神灵性的一种。

假如你站在王家学院桥边的那棵大椈树荫下眺望，右侧面，隔着一大方浅草坪，是我们的校友居（fellows building），那年代并不早，但它的妩媚也是不可掩的，它那苍白的石壁上春夏间满缀着艳色的蔷薇在和风中摇头，更移左是那教堂，森林似的尖阁不可浼的永远直指着天空；更左是克莱亚，啊！那不可信的玲珑的方庭，谁说这不是圣克莱亚（St. Clare）的化身，哪一块石上不闪耀着她当年圣洁的精神？在克莱亚后背隐约可辨的是康桥最潢贵最骄纵的三清学院（Trinity），它那临河的图书楼上坐镇着拜伦神采惊人的雕像。

但这时你的注意早已叫克莱亚的三环洞桥魔术似的摄住。你见过西湖白堤上的西冷断桥不是？（可怜它们早已叫代表近代丑恶精神的汽车公司给铲平了，现在它们跟着苍凉的雷峰永远辞别了人间。）你忘不了那桥上斑驳的苍苔，木栅的古色，与那桥拱下泄露的湖光与山色不是？克莱亚并没有那样体面的衬托，它也不比庐山栖贤寺旁的观音桥，上瞰五老的奇峰，下临深潭与飞瀑；它只是怯伶伶的一座三环洞的小桥，它那桥洞间也只掩映着细纹的波鳞与婆娑的树影，它那桥上栉比的小穿兰与兰节顶上双双的白石球，也只是村姑子头上不夸张的香草与野花一类的装饰；但你凝神的看着，更凝神的看着，你再反省你的心境，看还有一丝屑的俗念沾滞不？只要你审美的本能不曾汩灭时，这是你的机会实现纯粹美感的神奇！

但你还得选你赏鉴的时辰。英国的天时与气候是走极端的。冬天是荒谬的坏，逢着连绵的雾盲天你一定不迟疑的甘愿进地狱本身去试试；春天（英国是几乎没有夏天的）是更荒谬的可爱，尤其是它那四五月间最渐缓最艳丽的黄昏，那才真是寸寸黄金。在康河边上过一个黄昏是一服灵魂的补剂。啊！我那时蜜甜的单独，那时蜜甜的闲暇。一晚又一晚的，只见我出神似的倚在桥阑上向西天凝望：——看一回凝静的桥影，数一数螺钿的波纹：我倚暖了石阑的青苔，青苔凉透了我的心坎；……

还有几句更笨重的怎能仿佛那游丝似轻妙的情景：难忘七月的黄昏，远树凝寂，像墨泼的山形，衬出轻柔暝色密稠稠，七分鹅黄，三分桔绿，那妙意只可去秋梦边缘捕捉；……

四

这河身的两岸都是四季常青最葱翠的草坪。从校友居楼上望去，对岸草场上，不论早晚，永远有十数匹黄牛与白马，胫蹄没在恣蔓的草丛中，从容的在咬嚼，星星的黄花在风中动荡，应和着它们尾鬃的扫拂。桥的两端有斜倚的垂柳与椈荫护住。水是澈底的清澄，深不足四尺，匀匀的长着长条的水草。这岸边的草坪又是我的爱宠，在清朝，在旁晚，我常去这天然的织锦上坐地，有时读书，有时看水；有时仰卧着看天空的行去，有时反扑着搂抱大地的温软。

但河上的风流还不止两岸的秀丽，你买船去玩。船不止一种：有普通的双浆划船，有轻快的薄皮舟（canoe），有最别致的长形撑篙船（punt）。最末的一种是别处不常有的：约莫有二丈长，三尺宽，你站直在船梢上用长竿撑着走的。这撑是一种技术。我手脚太蠢，始终不曾学会。你初起手尝试时，容易把船身横住在河中，东颠西撞的狼狈。英国人是不轻易开口笑人的，但是小心他们不出声的皱眉！也不知有多少次河中本来优闲的秩序叫我这莽撞的外行给捣乱了。我真的始终不曾学会；每回我不服输跑去租船再试的时候，有一个白胡子的船家往往带讥讽的对我说：“先生，这撑船费劲，天热累人，还是拿个薄皮舟溜溜吧！”我哪里肯听话，长篙子一点就把船撑了开去，结果还是把河身一段段的腰斩了去。

你站在桥上去看人家撑，那多不费劲，多美！尤其在礼拜天有几个专家的女郎，穿一身缟素衣服，裙裾在风前悠悠的飘着，戴一顶宽边的薄纱帽，帽影在水草间颤动，你看她们出桥洞时的姿态，捻起一根竟像没分量的长竿，只轻轻的，不经心的往波心里一点，身子微微的一蹲，这船身便波的转出了桥影，翠条鱼似的向前滑了去。她们那敏捷，那闲暇，那轻盈，真是值得歌咏的。

在初夏阳光渐暖时你去买一支小船，划去桥边荫下躺着念你的书或是做你的梦，槐花香在水面上飘浮，鱼群的唼喋声在你的耳边挑逗。或是在初秋的黄昏，近着新月的寒光，望上流僻静处远去。爱热闹的少年们携着他们的女友，在船沿上支着双双的东洋红纸灯，带着话匣子，船心里用软垫铺着，也开向无人迹处去享他们的野福——谁不爱听那水底翻的音乐在静定的河上描写梦意与春光！

住惯城市的人不易知道季候的变迁。看见叶子掉知道是秋，看见叶子绿知道是春；天冷了装炉子，天热了拆炉子；脱下棉袍，换上夹袍，脱下夹袍，穿上单袍；不过如此罢了。天上星斗的消息，地下泥土里的消息，空中风吹的消息，都不关我们的事。忙着哪，这样那样事情多着，谁耐烦管星星的移转，花草的消长，风云的变幻？同时我们抱怨我们的生活、苦痛、烦闷、拘束、枯燥，谁肯承认做人是快乐？谁不多少间咒诅人生？

但不满意的生活大都是由于自取的。我是一个生命的信仰者，我信生活决不是我们大多数人仅仅从自身经验推得的那样暗惨。我们的病根是在“忘本”。人是自然的产儿，就比枝头的花与鸟是自然的产儿，但我们不幸是文明人，入世深似一天，离自然远似一天。离开了泥土的花草，离开了水的鱼，能快活吗？能生存吗？从大自然，我们取得我们的生命；从大自然，我们应分取得我们继续的资养。那一株婆娑的大木没有盘错的根柢深入在无尽藏的地里？我们是永远不能独立的。有幸福是永远不离母亲抚育的孩子，有健康是永远接近自然的人们。不必一定与鹿豕游，不必一定回“洞府”去；为医治我们当前生活的枯窘，只要“不完全遗忘自然”一张轻淡的药方我们的病象就有缓和的希望。在青草里打几个滚，到海水里洗几次浴，到高处去看几次朝霞与晚照——你肩背上的负担就会轻松了去的。

这是极肤浅的道理，当然。但我要没有过过康桥的日子，我就不会有这样的自信。我这一辈子就只那一春，说也可怜，算是不曾虚度。就只那一春，我的生活是自然的，是真愉快的！（虽则碰巧那也是我最感受人生痛苦的时期。）我那时有的是闲暇，有的是自由，有的是绝对单独的机会。说也奇怪，竟像是第一次，我辨认了星月的光明，草的青，花的香，流水的殷勤。我能忘记那初春的睥睨吗？曾经有多少个清晨我独自冒着冷去薄霜铺地的林子里闲步——为听鸟语，为盼朝阳，为寻泥土里渐次苏醒的花草，为体会最微细最神妙的春信。啊，那是新来的画眉在那边凋不尽的青枝上试它的新声！啊，这是第一朵小雪球花挣出了半冻的地面！啊，这不是新来的潮润沾上了寂寞的柳条？

静极了，这朝来水溶溶的大道，只远处牛奶车的铃声，点缀这周遭的沉默。顺着这大道走去，走到尽头，再转入林子里的小径，往烟雾浓密处走去，头顶是交枝的榆荫，透露着漠楞楞的曙色；再往前走去，走尽这林子，当前是平坦的原野，望见了村舍，初青的麦田，更远三两个馒形的小山掩住了一条通道。天边是雾茫茫的，尖尖的黑影是近村的教寺。听，那晓钟和缓的清音。这一带是此邦中部的平原，地形像是海里的轻波，默沉沉的起伏；山岭是望不见的，有的是常青的草原与沃腴的田壤。登那土阜上望去，康桥只是一带茂林，拥戴着几处娉婷的尖阁。妩媚的康河也望不见踪迹，你只能循着那锦带似的林木想像那一流清浅。村舍与树林是这地盘上的棋子，有村舍处有佳荫，有佳荫处有村舍。这早起是看炊烟的时辰；朝雾渐渐的升起，揭开了这灰苍苍的天幕（最好是微霰后的光景），远近的炊烟，成丝的、成缕的、成卷的、轻快的、迟重的、浓灰的、淡青的、惨白的，在静定的朝气里渐渐的上腾，渐渐的不见，仿佛是朝来人们的祈祷，参差的翳人了天听。朝阳是难得见的，这初春的天气。但它来时是起早人莫大的愉快。顷刻间这周遭弥漫了清晨富丽的温柔。顷刻间你的心怀也分润了白天诞生的光荣。“春”！这胜利的晴空仿佛在你的耳边私语。“春”！你那快活的灵魂也仿佛在那里回响。

伺候着河上的风光，这春来一天有一天的消息。关心石上的苔痕，关心败草里的花鲜，关心这水流的缓急，关心水草的滋长，关心天上的云霞，关心新来的鸟语。怯伶伶的小雪球是探春信的小使。铃兰与香草是欢喜的初声。窈窕的莲馨，玲珑的石水仙，爱热闹的克罗克斯，耐辛苦的蒲公英与雏菊——这时候春光已是烂漫在人间，更不须殷勤问讯。

瑰丽的春放。这是你野游的时期。可爱的路政，这里不比中国，哪一处不是坦荡荡的大道？徒步是一个愉快，但骑自转车是一个更大的愉快，在康桥骑车是普遍的技术；妇人、稚子、老翁，一致享受这双轮舞的快乐。（在康桥听说自转车是不怕人偷的，就为人人都自己有车，没人要偷）。任你选一个方向，任你上一条通道，顺着这带草味的和风，放轮远去，保管你这半天的逍遥是你性灵的补剂。这道上有的是清荫与美草，随地都可以供你休憩。你如爱花，这里多的是锦绣似的草原。你如爱鸟，这里多的是巧啭的鸣禽。你如爱儿童，这乡间到处是可亲的稚子。你如爱人情，这里多的是不嫌远客的乡人，你到处可以“挂单”借宿，有酪浆与嫩薯供你饱餐，有夺目的果鲜恣你尝新。你如爱酒，这乡间每“望”都为你储有上好的新酿，黑啤如太浓，苹果酒、蕃酒都是供你解渴润肺的。……带一卷书，走十里路，选一块清静地，看天，听鸟，读书，倦了时，和身在草绵绵处寻梦去——你能想象更适情更适性的消遣吗？

陆放翁有一联诗句：“传呼快马迎新月，却上轻舆趁晚凉”；这是做地方官的风流。我在康桥时虽没马骑，没轿子坐，却也有我的风流：我常常在夕阳西晒时骑了车迎着天边扁大的日头直追。日头是追不到的，我没有夸父的荒诞，但晚景的温存却被我这样偷尝了不少。有三两幅画图似的经验至今还是栩栩的留着。只说看夕阳，我们平常只知道登山或是临海，但实际只须辽阔的天际，平地上的晚霞有时也是一样的神奇。有一次我赶到一个地方，手把着一家村庄的篱笆，隔着一大田的麦浪，看西天的变幻。有一次是正冲着一条宽广的大道，过来一大群羊，放草归来的，偌大的太阳在它们后背放射着万缕的金辉，天上却是乌青青的，只剩这不可逼视的威光中的一条大路，一群生物，我心头顿时感着神异性的压迫，我真的跪下了，对着这冉冉渐翳的金光。再有一次是更不可忘的奇景，那是临着一大片望不到头的草原，满开着艳红的罂粟，在青草里亭亭像是万盏的金灯，阳光从褐色云斜着过来，幻成一种异样紫色，透明似的不可逼视，刹那间在我迷眩了的视觉中，这草田变成了……不说也罢，说来你们也是不信的！

一别二年多了，康桥，谁知我这思乡的隐忧？也想不别的，我只要那晚钟撼动的黄昏，没遮拦的田野，独自斜倚在软草里，看第一个大星在天边出现！

12. 二绿

◉朱自清

我第二次到仙岩[①]的时候，我惊诧于梅雨潭的绿了。

梅雨潭是一个瀑布潭。仙岩有三个瀑布，梅雨瀑最低。走到山边，便听见哗哗哗哗的声音；抬起头，镶在两条湿湿的黑边儿里的，一带白而发亮的水便呈现于眼前了。

我们先到梅雨亭。梅雨亭正对着那条瀑布；坐在亭边，不必仰头，便可见它的全体了。亭下深深的便是梅雨潭。这个亭踞在突出的一角的岩石上，上下都空空儿的；仿佛一只苍鹰展着翼翅浮在天宇中一般。三面都是山，像半个环儿拥着；人如在井底了。这是一个秋季的薄阴的天气。微微的云在我们顶上流着；岩面与草丛都从润湿中透出几分油油的绿意。而瀑布也似乎分外的响了。那瀑布从上面冲下，仿佛已被扯成大小的几绺；不复是一幅整齐而平滑的布。岩上有许多棱角；瀑流经过时，作急剧的撞击，便飞花碎玉般乱溅着了。那溅着的水花。晶莹而多芒；远望去，像一朵朵小小的白梅。微雨似的纷纷落着。据说，这就是梅雨潭之所以得名了。但我觉得像杨花，格外确切些。轻风起

---

① 山名，瑞安的胜迹。

来时，点点随风飘散，那更是杨花了。——这时偶然有几点送人我们温暖的怀里，便倏的钻了进去，再也寻它不着。

梅雨潭闪闪的绿色招引着我们；我们开始追捉她那离合的神光了。揪着草，攀着乱石，小心探身下去，又鞠躬过了一个石穹门，便到了汪汪一碧的潭边了。瀑布在襟袖之间；但我的心中已没有瀑布了。我的心随潭水的绿而摇荡。那醉人的绿呀！仿佛一张极大极大的荷叶铺着，满是奇异的绿呀。我想张开两臂抱住她；但这是怎样一个妄想呀。——站在水边，望到那面，居然觉着有些远呢！这平铺着，厚积着的绿，着实可爱。她松松的皱缬着，像少妇拖着的裙幅；她轻轻的摆弄着，像跳动的初恋的处女的心；她滑滑的明亮着，像涂了“明油”一般，有鸡蛋清那样软，那样嫩，令人想着所曾触过的最嫩的皮肤；她又不杂些儿尘滓，宛然一块温润的碧玉，只清清的一色——但你却看不透她！

我曾见过北京什刹海拂地的绿柳，脱不了鹅黄的底子，似乎太淡了。我又曾见过杭州虎跑寺近旁高峻而深密的“绿壁”，丛叠着无穷的碧草与绿叶的，那又似乎太浓了。其余呢，西湖的波太明了，秦淮河的也太暗了。可爱的，我将什么来比拟你呢？我怎么比拟得出呢？大约潭是很深的，故能蕴蓄着这样奇异的绿；仿佛蔚蓝的天融了一块在里面似的，这才这般的鲜润呀。——那醉人的绿呀！我若能裁你以为带，我将赠给那轻盈的舞女；她必能临风飘举了。我若能挹你以为眼，我将赠给那善歌的盲妹；她必明眸善睐了。我舍不得你；我怎舍得你呢？我用手拍着你，抚摩着你，如同一个十二三岁的小姑娘。我又掬你入口，便是吻着她了。我送你一个名字，我从此叫你“女儿绿”，好么？

我第二次到仙岩的时候，我不禁惊诧于梅雨潭的绿了。

2月8日，温州作

13. 生命的价格——七毛钱

◉ 朱自清

生命本来不应该有价格的；而竟有了价格！人贩子，老鸨，以至近来的绑票土匪，都就他们的所有物，标上参差的价格，出卖于人；我想将来许还有公开的人市场呢！在种种“人货”里，价格最高的，自然是土匪们的票了，少则成千，多则成万；大约是有历史以来，“人货”的最高的行情的。其次是老鸨们所有的妓女，由数百元到数千元，是常常听到的。最贱的要算是人贩子的货色！他们所有的，只是些男女小孩，只是些“生货”，所以便卖不起价钱了。

人贩子只是“仲买人”，他们还得取给于“厂家”，便是出卖孩子们的人家。“厂家”的价格才真是道地呢！《青光》里曾有一段记载，说三块钱买了一个丫头；那是移让过来的，但价格之低，也就够令人惊诧了！“厂家”的价格，却还有更低的！三百钱，五百钱买一个孩子，在灾荒时不算难事！但我不曾见过。我亲眼看见的一条最贱的生命，是七毛钱买来的！这是一个五岁的女孩子。一个五岁的“女孩子”卖七毛钱，也许不能算是最贱；但请您细看：将一条生命的自由和七枚小银元各放在天平的一个盘里，您将发现，正如九头牛与一根牛毛一样，两个盘儿的重量相差实在太远了！

我见这个女孩，是在房东家里。那时我正和孩子们吃饭；妻走来叫我看一件奇事，七毛钱买来的孩子！孩子端端正正的坐在条凳上；面孔黄黑色，但还丰润；衣帽也还整洁可看。我看了几眼，觉得和我们的孩子也没有什么差异；我看不出她的低贱的生命的符记——如我们看低贱的货色时所容易发现的符记。我同到自己的饭桌上，看看阿九和阿菜，始终觉得和那个女孩没有什么不同！但是，我毕竟发见真理了！我们的孩子所以高贵，正因为我们不曾出卖他们，而那个女孩所以低贱，正因为她是被出卖的；这就是她只值七毛钱的缘故了！呀，聪明的真理！

妻告诉我这孩子没有父母，她哥嫂将她卖给房东家姑爷开的银匠店里的伙计，便是带着她吃饭的那个人。他似乎没有老婆，手头很窘的，而且喜欢喝酒，是一个糊涂的人！我想这孩子父母若还在世，或者还舍不得卖她，至少也要迟几年卖她；因为她究竟是可怜可怜的小羔羊。到了哥嫂的手里，情形便不同了！家里总不宽裕，多一张嘴吃饭，多费些布做衣，是显而易见的。将来人大了，由哥嫂卖出，究竟是为难的；说不定还得找补些儿，才能送出去。这可多么冤呀！不如趁小的时候，谁也不注意，做个人情，送了干净！您想，温州不算十分穷苦的地方，也没碰着大荒年，干什么得了七个小毛钱，就心甘情愿的将自己的小妹子捧给人家呢？说等钱用？谁也不信！七毛钱了得什么急事！温州又不是没人买的！大约买卖两方本来相知；那边恰要个孩子玩儿，这边也乐得出脱，便半送半卖的含糊定了交易。我猜想那时伙计向袋里一摸，一股脑儿掏了出来，只有七手钱！哥哥原也不指望着这笔钱用，也就大大方方收了完事。于是财货两交，那女孩便归伙计管业了！

这一笔交易的将来，自然是在运命手里；女儿本姓“碰”，由她去碰罢了！但可知的，运命决不加惠于她！第一幕的戏已启示于我们了！照妻所说，那伙计必无这样耐心，抚养她成人长大！他将像豢养小猪一样，等到相当的肥壮的时候，便卖给屠户，任他宰割去；这其间他得了赚头，是理所当然的！但屠户是谁呢？在她卖做丫头的时候，便是主人！“仁慈的”主人只宰割她相当的劳力，如养羊而剪它的毛一样。到了相当的年纪，便将她配人。能够这样，她虽然被撤在丫头坯里，却还算不幸中之幸哩。但在目下这钱世界里，如此大方的人究竟是少的；我们所见的，十有六七是刻薄人！她若卖到这种人手里，他们必拶榨她过量的劳力。供不应求时，便骂也来了，打也来了！等她成熟时，却又好转卖给人家作妾；平常拶榨的不够，这儿又找补一个尾子！偏生这孩子模样儿又不好；入门不能得丈夫的欢心，容易遭大妇的凌虐，又是显然的！她的一生，将消磨于眼泪中了！也有些主人自己收婢作妾的；但红颜白发，也只空断送了她的一生！和前例相较，只是五十步与百步而已。——更可危的，她若被那伙计卖在妓院里，老鸨才真是个令人肉颤的屠户呢！我们可以想到：她怎样逼她学弹学唱，怎样驱遣她去做粗活！怎样用藤筋打她，用针刺她！怎样督责她承欢卖笑！她怎样吃残羹冷饭！怎样打熬着不得睡觉！怎样终于生了一身毒疮！她的相貌使她只能做下等妓女；她的沦落风尘是终生的！她的悲剧也是终生的！——唉！七毛钱竟买了你的全生命——你的血肉之躯竟抵不上区区七个小银元么！生命真太贱了！生命真太贱了！

因此想到自己的孩子的运命，真有些胆寒！钱世界里的生命市场存在一日，都是我们孩子的危险！都是我们孩子的侮辱！您有孩子的人呀，想想看，这是谁之罪呢？这是谁之责呢？

四月九日，宁波作

14. 北平

◉郑振铎

你若是在春天到北平，第一个印象也许便会给你以十分的不愉快。你从前门东车站或西车站下了火车，出了站门，踏上了北平的灰黑的土地上时，一阵大风刮来，刮得你不能不向后倒退几步；那风卷起了一团的泥沙；你一不小心便会迷了双眼，怪难受的；而嘴里吹进了几粒细沙在牙齿间萨拉萨拉的作响。耳朵壳里，眼缝边，黑马褂或西服外套上，立刻便都积了一层黄灰色的沙垢。你到了家，或到了旅店，得仔细的洗涤了一顿，才会觉得清爽些。

“这鬼地方！那么大的风，那么多的灰尘！”你也许会很不高兴地诅咒的说。

风整天整夜的呼呼的在刮，火炉的铅皮烟囱，纸的窗户，都在乒乒乓乓地相碰着，也许会闹得你半夜睡不着。第二天清早，一睁开眼，呵，满窗的黄金色，你满心高兴，以为这是太阳光，你今天将可以得一个畅快的游览了。然而风声还在呼呼地怒吼着。擦擦眼，拥被坐在床上，你便要立刻懊丧起来。那黄澄澄的，错疑作太阳光的，却正是漫天漫地地吹刮着的黄沙！风声吼吼的还不曾歇气。你也许会懊悔来这一趟。

但到了下午，或到了第三天，风渐渐地平静起来。太阳光真实的黄亮亮的晒在墙头，晒进窗里。那份温暖和平的气息儿，立刻便会鼓动了你向外面跑跑的心思。鸟声细碎的在鸣叫着，大约是小麻雀儿的叽叽声居多。——碰巧，院子里有一株杏花或桃花，正涵着苞，浓红色的一朵朵，将放未放。枣树的叶子正在努力地向外崛起。——北平的枣树是那么多，几乎家家天井里都有个一株两株的。柳树的柔枝儿已经是透露出嫩嫩的黄色来。只有硕大的榆树上，却还是乌黑的秃枝，一点什么春的消息都没有。

你开了房门，到院子里，深深的吸了一口气。啊，好新鲜的空气，仿佛在那里面便挟带着生命力似的。不由得不使你神清气爽。太阳光好不可爱。天上干干净净的没半朵浮云，俨然是“南方秋天”的样子。你得知道，北平当晴天的时候，永远的那一份儿“天高气爽”的晴明的劲儿，四季皆然，不独春日如此。

太阳光晒得你有点暖得发慌。“关不住了！”你准会在心底偷偷的叫着。

你便准得应了这自然之招呼而走到街上。

但你得留意，即使你是阔人，衣袋里有充足的金洋银洋，你也不应摆阔，坐汽车。被关在汽车的玻璃窗里，你便成了如同被蓄养在玻璃缸的金鱼似的无生气的生物了。你将一点儿也享受不到什么。汽车那么飞快地冲跑过去，仿佛是去赶什么重要的会议。可是你是来游玩，不是来赶会。汽车会把一切自然的美景都推到你的后面去。你不能吟味，你不能停留，你不能称心称意的欣赏。这正是猪八戒吃人参果的勾当。你不会蠢到如此的。

北平不接受那么摆阔的阔客。汽车客是永远不会见到北平的真面目的。北平是个“游览区”。天然的不欢迎“走车看花”——比走马看花还煞风景的勾当——的人物。

那么，你得坐“洋车”——但得注意：如果你是南人，叫一声黄包车，准保各个车夫都不理会你，那是一种侮辱，他们以为。（黄包，北音近于王八。）或酸溜溜地招呼道“人力车”，他们也不会明白的。如果叫道：“胶皮。”他们便知道你是从天津来的，准得多抬些价。或索性洋气十足地，叫道“力克夏”，他们便也懂，但却只能以“毛”为单位地给车价了。

“洋车”是北平最主要的交通物。价廉而稳妥，不快不慢，恰到好处。但走到大街上，如果遇见一位漂亮的姑娘或一位洋人在前面车上，碰巧，你的车夫也是一位年轻力健的小伙子，他们赛起车来，那可有点危险。

干脆，走路，倒也不坏。近来北平的路政很好，除了冷街小巷，没有要人、洋人住的地方，还是“无风三尺土，有雨一街泥”之外，其余冲要之区，确可散步。

出了巷口，向皇城方面走，你便将渐人佳景的。黄金色的琉璃瓦在太阳光里发亮光，土红色的墙，怪有意思地围着那“特别区”。入了天安门内，你便立刻有应接不暇之感。如果你是聪明的，在这里，你必得跳下车来，散步的走着。那两支白石盘龙的华表，屹立在中间，恰好烘托着那一长排的白石栏杆和三座白石拱桥，表现出很调和的华贵而苍老的气象来，活像一位年老有德、饱历世故、火气全消的学士大夫，没有丝毫的火辣辣的暴发户的讨厌样儿。春冰方解，一池不浅不溢的春水，碧油油的可当一面镜子照。正中的一座拱桥的三个桥洞，映在水面，恰好是一个完全的圆形。

你过了桥，向北走。那厚厚的门洞也是怪可爱的（夏天是乘风凉最好的地方）。午门之前，杂草丛生，正如一位不加粉黛的村姑，自有一种风趣。那左右两排小屋，仿佛将要开出口来，告诉你以明清的若干次的政变，和若干大臣、大将雍雍锵锵地随驾而出入。这里也有两支白色的华表，颜色显得黄些，更觉得苍老而古雅。无论你向东走，或向西走，——你可以暂时不必向北进端门，那是历史博物馆的入门处，要购票的。——你可以见到很可愉悦的景色。出了一道门，沿了灰色的宫墙根，向西北走，或向东北走，你便可以见到护城河里的水是那么绿得可爱。太庙或中山公园后面的柏树林是那么苍苍郁郁的，有如见到深山古墓。和你同道走着的，有许多走得比你还慢，还没有目的的人物；他们穿了大袖的过时的衣服，足上登着古式的鞋，手上托着一只鸟笼，或臂上栖着一只被长链锁住的鸟，懒懒散散地在那里走着。有时也可遇到带着一群小哈巴狗的人，有气势地在赶着路。但你如果到了东华门或西华门而折回去时，你将见他们也并不曾往前走，他们也和你一样地折了回去。他们是在这特殊幽静的水边遛哒着的！遛哒，是北平人生活的主要的一部分；他们可以在这同一的水边，城墙下，遛哒整个半天，天天如此，年年如此，除了刮大风，下大雪，天气过于寒冷的时候。你将永远猜想不出，他们是怎样过活的。你也许在幻想着，他们必定是没落的公子王孙，也许你便因此凄怆地怀念着他们的过去的豪华和今日的沦落。

啪的一声响，惊得你一大跳，那是一个牧人，赶了一群羊走过，长长的牧鞭打在地上的声音。接着，一辆 *1934* 年式的汽车呜呜地飞驰而过。你的胡思乱想为之撕得粉碎。——但你得知道，你的凄怆的情感是落了空。那些臂鸟驱狗的人物，不一定是没落的王孙，他们多半是以驯养鸟狗为生活的商人们。

你再进了那座门，向南走。仍走到天安门内。这一次，你得继续的向南走。大石板地，没有车马的经过，前面的高大的城楼，作为你的目标。左右全都是高及人头的灌木林子。在这时候，黄色的迎春花正在盛开，一片的喧闹的春意。红刺梅也在含苞。晚开的花树，枝头也都有了绿色。在这灌木林子里，你也许可以徘徊个几小时。在红刺梅盛开的时候，连你的脸色和衣彩也都会映上红色的笑影。散步在那白色的阔而长的大石道，便是一种愉快。心胸阔大而无思虑。昨天的积闷，早已忘得一干二净。你将不再对北平有什么诅咒。你将开始发生留恋。

你向南走，直走到前门大街的边沿上，可望见东西交民巷口的木牌坊，可望见你下车来的东车站或西车站，还可望见屹立在前面的很宏伟的一座大牌楼。乱纷纷的人和车，马和货物；有最新式的汽车，也有最古老的大车，简直是最大的一个运输物的展览会。

你站了一会儿，觉得看腻了，两腿也有点儿发酸了，你便可以向前走了几步，极廉价的雇到一辆洋车，在中山公园口放下。

这公园是北平很特殊的一个中心。有过一个时期，当北海还不曾开放的时候，她是北平唯一的社交的集中点。在那里，你可以见到社会上各种各样的人物。——当然无产者是不在内，他们是被几分大洋的门票摈在园外的。你在那里坐了一会儿，立刻便可以招致了许多熟人。你不必家家拜访或邀致，他们自然会来。当海裳盛开时，牡丹、芍药盛开时，菊花盛开时的黄昏，那里是最热闹的上市的当儿。茶座全塞满了人，几乎没有一点儿空地。一桌人刚站了起来，立刻便会有候补的挤了上去。老板在笑，伙计们也在笑。他们的收入是如春花似的繁多。直到菊花谢后，方才渐渐地冷落了下来。

你坐在茶座上，舒适地把身体堆放在藤椅里，太阳光满晒在身上，棉衣的背上，有些热起来。前后左右，都有人在走动，在高谈，在低语。坛上的牡丹花，一朵朵总有大碗粗细。说是赏花，其实，眼光也是东溜西溜的。有时，目无所瞩，心无所思的，可以懒懒地呆在那里，整整地呆个大半天。

一阵和风吹来，遍地白色的柳絮在团团的乱转，渐转成一个球形，被推到墙角。而漫天飞舞着的棉状的小块，常常扑到你面上，强塞进你的鼻孔。

如果你在清晨来这里，你将见到有几堆的人，老少肥瘦俱齐，在大树下空地上练习打太极拳。这运动常常邀引了患肺痨者去参加，而因此更促短了他们的寿命。而这时，这公园里也便是肺痨病者们最活动的时候。瘦得骨立的中年人们，倚着杖，蹒跚地在走着——说是呼吸新鲜空气——走了几步，往往咳得伸不起腰来，有时，喀的一声，吐了一大块浓痰在地上。为了这，你也许再不敢到这园来。然而，一到了下午，这园里却仍是拥挤着人。谁也不曾想到天天清晨所演的那悲剧。

园后的大柏树林子，也够受糟蹋的。茶烟和瓜子壳，熏得碧绿的柏树叶子都有点儿显出枯黄色来，那林子的寿命，大约也不会很长久。

和中山公园的热闹相陪衬的是隔不几十步的太庙的冷落。不知为了什么，去太庙的人到底少。只有年轻的情人们，偶尔一对两对的避人到此密谈。也间有不喜追逐在热闹之后的人，在这清静点儿的地方散步。这里的柏树林，因为被关闭了数百年之后，而新被开放之故，还很顽健似的，巢在树上的“灰鹤”也还不曾搬家他去。

太庙所陈列的清代各帝的祭殿和寝宫，未见者将以为是如何的辉煌显赫，如何的富丽堂皇，其实，却不值一看。一色黄缎绣花的被褥衣垫，并没有什么足令人羡慕。每张供桌上所列的木雕的杯碗及烛盘等等，还不如豪富人家的祖先堂的讲究。从前读一明人笔记，说，到明孝陵参观上供，见所供者不过冬瓜汤等等极淡薄贱价的菜。这里在皇帝还在宫中时，祭供时，想也不过如此。是帝王和平民，不仅在坟墓里同为枯骨，即所馨享的也不过如此如此而已。

你在第二天可以到北城去游览一趟，那一边值得看的东西很不少。后门左近有国子监、钟楼及鼓楼。钟鼓楼每县都有之，但这里，却显得异常的宏伟。国子监，为从前最高的学府，那里边，藏有石鼓——但现在这著名的石鼓却已南迁了。由后门向西走，有什刹海；相传《红楼梦》所描写的大观园就在什刹海附近。这海是平民的夏天的娱乐场。海北，有规模极大的冰窖一区。海的面积，全都是稻田和荷花荡。（北平人的养荷花是一业，和种水稻一样。）夏天，荷花盛开时，确很可观。倚在会贤堂的楼栏上，望着骤雨打在荷盖上，那喷人的荷香和沙沙的细碎的响声，在别处是闻不到、听不到的。如果在芦席棚搭的茶座上听着，虽显得更亲切些，却往往棚顶漏水，而水点落在芦席上，那声音也怪难听的，有喧宾夺主之感。最佳的是夏已过去，枯荷满海，什刹海的闹市已经收场，那时如果再到会贤堂楼上，倚栏听雨，便的确不含糊地有“留得残荷听雨声”之妙，不过，北平秋天少雨，这境界颇不易逢。

什刹海的对面，便是北海的后门。由这里进北海，向东走，经过澄心斋、松坡图书馆、仿膳、五龙亭，一直到极乐世界，没有一个地方不好。唯惜五龙亭等处，夏天人太闹。极乐世界已破坏得不堪，没有一尊佛像能保得不断腿折臂的。而北海之饶有古趣者，也只有这个地方。那个地方，游人是最少进去的。如果由后面向南走，你便可以走到北海董事会等处，那里也是开放的，有茶座，却极冷落。在五龙亭坐船，渡过海——冬天是坐了冰船滑过去——便是一个圆岛，四面皆水，以一桥和大门相通。

岛的中央，高耸着白塔。依山势的高下，随意布置着假山、庙宁、游廊、小室，那曲折的工程很足供我们作半日游。

如果，在晴天，倚在漪澜堂前的白石栏杆上，静观着一泓平静不波的湖水，受着太阳光，闪闪的反射着金光出来，湖面上偶然泛着几只游艇，飞过几只鹭鸶，惊起一串的呷呷的野鸭，都足够使你留恋个若干时候。但冬天，那是最坏的时候了，这场面上将辟为冰场，红男绿女们在番里奔走驰驶，叫闹不堪。你如果已失去了少年的心，你如果爱清静，爱独游，爱默想，这场面上你最好是不必出现。

出了北海的前门，向西走，便是金鳌玉桥。这座白石的大桥。隔断了中南海和北海。北海的白日，如画的映在水面上，而中南海的万善殿的全景，也很清晰地可看到。中南海本亦为公园，今则又成了“禁地”。只有东部的一个小地方，所谓万善殿的，是开放着。这殿很小，游人也极冷落，房室却布置得很好。龙王堂的一长排，都是新塑的泥像，很庸俗可厌。但你要是一位细心的人，你便可在一个殿旁的小室里，发现了倚在墙旁无人顾问的两尊木雕的菩萨像。那形态面貌，无一处不美，确是辽金时代的遗物；然一尊则双臂俱折，一尊则胆部只剩了半边。谁还注意到他们呢？报纸上却在鼓吹着龙王堂的神像塑得有精神，为明代的遗物，却不知那是民国三四年间的新物！仍由中南海的后门走出，那斜对过便是北平图书馆，这绿琉璃瓦的新屋，建筑费在一百四十万以上，每年的购书费则不及此数之十二。旧书是并合了方家胡同京师图书馆及他处所藏的，新书则多以庚款购人。在中国可称是最大的图书馆。馆外的花园，邻于北海者，亦以白色栏杆围隔之；惟为廉价之水门汀所制成，非真正的白石也。

由北平图书馆再过金鳌玉桥，向东走，则为故宫博物院。由神武门人院，处处觉得寥寂如古庙，一点生气都没有。想来，在还是“帝王家”的时代，虽聚居了几千宫女、太监们在内，而男旷女怨，也必是“戾气”冲天的。所藏古物，重要者都已南迁，游人们因之也寥落得多。

神武门的对门是景山。山上有五座亭，除当中最高的一亭外，多被破坏。东边的山脚，是崇祯自杀处。春天草绿时，远望景山，如铺了一层绿色的绣毡，异常的清嫩可爱。你如果站在最高处，向南望去，宫城全部，俱可收在眼底。而东交民巷使馆区的无线电台，东长安街的北京饭店，三条胡同的协和医院都因怪不调和而被你所注意。而其余的千家万户则全都隐藏在万绿丛中，看不见一瓦片，一屋顶，仿佛全城便是一片绿色的海。不到这里，你无论如何不会想象得到北平城内的树木是如何的繁密；大家小户，哪一家天井不有些绿色呢。你如站在北面望下时，则钟鼓楼及后门也全都耸然可见。

三大殿和古物陈列所总得耗费你一天的工夫。从西华门或从东华门人，均可。古物陈列所因为古物运走的太多，现在只开放武英殿，然仍有不少好东西。仅李公麟的《击壤图》便足够消磨你半天。那人物，几乎没有一个没精神的，姿态各不相同，却不曾有一懈笔。

三大殿虽空无所有，却宏伟异常。在殿廊上，下望白石的“丹墀”，不能不令你想到那过去的充满了神秘气象的“朝廷”和叔孙通定下的“朝仪”的如何能够维持着常在的神秘的尊严性。你如果富于幻想，闭了眼，也许还可以如见那静穆而紧张的随班朝见的文武百官们的精灵的往来。这里有很舒适的茶座。坐在这里，望着一列一列的雕镂着云头的白石栏杆和雕刻得极细致的陛道，是那么样的富于富丽而明朗的美。

你还得费一二天的工夫去游南城。出了前门，便是商业区和会馆区。从前汉人是不许住在内城的，故这南城或外城，便成了很重要的繁盛区域。但现在是一天天地冷落了。却还有几个著名的名胜所在，足供你的留连、徘徊。西边有陶然亭，东边有夕照寺、拈花寺和万柳堂。从前都是文士们雅集之地，如今也都败坏不堪，成为工人们编麻索、织丝线之地。所谓万柳也都不存一株。只有陶然亭还齐整些。不过，你游过了内城的北海、太庙、中山公园，到了这些地方，除了感到“野趣”之外，也便全无所得的了。你或将为汉人们抱屈；在二十几年前，他们还都只能局促于此一隅。而内城的一切名胜之地，他们是全被摈斥在外的。别看清人诗集里所歌咏的是那么美好，他们是不得已而思其次的呢！

而现在，被摈斥于内城诸名胜之外的，还不依然是几十百万人么？

南城的娱乐场所，以天桥为中心。这个地方倒是平民的聚集之所；一切民间的玩意儿，一切廉价的旧货物，这里都有。

先农坛和天坛也是极宏伟的建筑。天坛的工程尤为浩大而艰巨，全是圆形的；一层层的白石栏杆，白石阶级，无数的参天的大柏树，包围着一座圆形的祭天的圣坛。坛殿的建筑，是圆的，四围的阶级和栏杆也都是圆的。这和三大殿的方整，恰好成一最有趣的对照。在这里，在大树林下徘徊着，你也便将勾引起难堪的怀古的情绪的。

这些，都只是游览的经历。你如果要在北平多住些时候，你便要更深刻地领略到北平的生活了。那生活是舒适、缓慢、吟味、享受，却绝对地不紧张。你见过一串的骆驼走过么？安稳、和平，一步步地随着一声声丁当丁当的大颈铃向前走；不匆忙，不停顿；那些大动物的眼里，表现的是那么和平而宽容，负重而忍辱的性情。这便是北平生活的象征。

和这些宏伟的建筑，舒适的生活相对照的，你不要忘记掉，还有地下的黑暗的生活呢。你如果有一个机会，走进一所“杂合院”里，你便可见到十几家老少男女紧挤在一小院落里住着的情形：孩子们在泥地上爬，妇女们是脸多菜色，终日含怒抱怨着，不时的，有咳嗽的声音从屋里透出。空气是恶劣极了；你如不是此中人，你便将不能做半日留。这些“杂合院”便是劳工、车夫们的居宅。有人说，北平生活舒服，第一件是房屋宽敞，院落深沉，多得阳光和空气。但那是中产以上的人物的话，百分之八九十以上的人口，是住着龌龊的“杂合院”里的，你得明白。

更有甚的，在北城和南城的僻巷里，听说，有好些人家，其生活的艰苦较住“杂合院”者为尤甚，常有一家数口合穿一条裤或一衣的。他们在地下挖了一个洞。有一人穿了衣裤出外了，家中裸体的几人便站在其中。洞里铺着稻草或破报纸，借以取暖。这是什么生活呢！

年年冬天，必定有许多无衣无食的人，冻死在道上。年年冬天，必定有好几个施粥厂开办起来。来就食的，都是些可怕的窘苦的人们。然也竟有因为无衣而不能到粥厂来就吃的！

"九渊之下，更有九渊。"北平的表面，虽是冷落破败下去，尚未减都市之繁华。而其里面，却想不到是那样的破烂、痛苦、黑暗。

终日徘徊于三海公园乃至天桥的，不是罪人是什么！而你，游览的过客，你见了这，将有动于衷，而怏怏地逃脱出这古城呢，还是想到"我不入地狱谁人地狱"一类的话呢？

1934 年 *11* 月 *3* 日

15. 山市

◉ 郑振铎

未至滴翠轩时，听说那个地方占着山的中腰，是上下山必由之路，重要的商店都开设在那里。第二天清晨到楼下观望时，却很清静，不像市场的样子。楼下只有三间铺子。商务书馆是最大，此外还有一家出卖棉织衣服店，一家五金店。东边是下山之路，一面是山壁，一面是竹林；底下是铁路饭店。"这里下去要到三桥埠才有市集呢。"茶房告诉我说。西边上去，竹荫密密的遮盖在小路上，景物很不坏！——后来我曾时时到这条路上散步——但也不见有商店的影子。茶房说，由此上去，有好几家铺子，最大的元泰也在那里。我和心南先生沿了这条路走去，不到三四百余步，果然见几家竹器店、水果店，再过去是上海银行、元泰食物店及三五家牛肉庄、花边店、竹器店，如此而已。那就是所谓山市。但心南先生说，后山还有一个大市场，老妈子天天都到那里去买菜。

滴翠轩的楼廊，是最可赞许的地方，又阔又敞，眼界又远，是全座“轩”最好的所在。

一家竹器店正在编做竹的躺椅。“应该有一张躺椅放在廊前躺躺才好。”我这样想，便对这店的老板说：“这张躺椅卖不卖？”

“这是外国人定做的，您要，再替您做一张好了，三天就有。”

“照这样子。”我把身体躺在这将成的椅上试了一试，说，“还要长了二三吋。价钱要多少？”

“替外国人做，自然要贵些，这一张是四块钱，但您如果要，可以照本给您做。只要三块八角，不能再少。”

我望望心南先生，要他还价，因为这间铺子他曾买过几件东西，算是老主顾了。

“三块钱，我看可以做了。”心南先生说。

“不能，先生，实在不够本。”

“那么，三块四角钱吧，不做随便你。”我一边走，一边说。

“好了，好了，替您做一张就是。”

“三天以后，一定要有，尺寸不能短少，一定要比这张长三吋。”

“一定，一定，我们这里不会错的，说一句是一句。请先付定洋。”

我付了定洋，走了。

第二天去看，他们还没有动手做。

“怎么不做，来得及么？大后天一定要的，因为等要用。”

“有的，一定有的，请您放心。”

第三天早晨，到山上去，走过门前，顺便去看看，他们才在扎竹架子。

“明天椅子有没有？一定要送去的。”

“这两天生意太忙，对不起。后天给你送去吧。今天动手做，无论如何，明天不会好的。”

再过一天，见他们还没有把椅于送来，又跑去看。大体是已经做好了。老板说：“下午一定有，随即给你送来。”

躺在椅上试了一试，似乎不对，比前次的一张还要短。

“怎么更短了？”

“没有，先生，已经特别放长了。”

前次定做的那张椅子还挂在墙角，没有取去。

“把那张拿下来比比看。”我说。

一比，果然反短了二吋，不由人不生气！山里做买卖的人总以为比都市里会老实些，不料这种推测完全错误！

“我不要了，说话怎么不做准？说好放长三吋的，怎么反短了二吋！”

“先生，没有短，是放长的，因为样子不同，前面靠脚处给您编得短些，所以您觉得它短了。”

“明明是短！”我用了尺去量后说。

争执了半天，结果是量好了尺寸，叫他们再做一只。两天后一定有。

这一次才没有偷减了尺寸。

每次到山脊上散步时，总觉得山后田间的景色很不坏。有一天绝早，天色还没有发亮，便起了床，自己预备洗脸水。到了一切都收拾好时，天色刚刚有些淡灰色。于是独自一人的便动身了。到了山脊，再往下走时，太阳已如大血盘似的出现于东方。山后有一个小市场，几家茶馆饭铺，几家米店，兼售青菜及鸡，还有一家肉店。集旁是一小队保安队的驻所，情况很寂寥，并不热闹。心南先生所说的市集，难道就是这里么？我有些怀疑。

由这市集再往下走，沿途风物很秀美。满山都是竹林，间有流泉淙淙的作响。有一座小桥，架于溪上，几个村姑在溪潭旁捶洗衣服。

在在都可入画。只是路途渐渐的峻峭了，毁坏了，有时且寻不出途径，一路都是乱石。走了半个钟头，还没有到山脚。头上的汗珠津津的渗出，太阳光在这边却还没有，因为是山阴。沿路一个人也没有遇到。良久，才见下面有一个穿蓝布衣的人向上走。到了临近，见他手执一个酱油瓶，知道是到市集去的。

“这里到山脚下还有多少路？”

他以怀疑的眼光望着我，答道：“远呢，远呢，还有三五里路呢。你到那边有什么事？”

“不过游玩游玩而已。”

“山路不好走呢。一路上都是石子儿，且又高峻。”

我不理他，继续地走下去，不到半里路，却到了一个村落，且路途并不坏，较上面的一段平坦多了。不知这个人为什么要说谎。一条溪水安舒地在平地上流着，红冠的白鹅安舒地在水面上游着。一群孩子立在水中拍水为戏，嘻嘻哈哈的大笑大叫，母亲们正在水边洗菜蔬。屋上的烟囱中，升出一缕缕的炊烟。

一只村犬见了生人，汪汪地大叫起来，四面的犬应声而吠，这安静的晨村，立刻充满了紧张的恐怖气象。孩子们和母亲们都停了游戏，停了工作，诧异地望着我。几只犬追逐在后面吠叫。亏得我有一根司的克护身，才能把它们吓跑了。它们只远远地追吠，不敢走近来。山行真不能不带司的克，一面可以为行山之助，一面又可以防身，走到草莽丛杂时，可以拨打开蛇虫之类，同时还可以吓吓犬！

沿了溪边走下去，一路都是水田，用竹竿搭了一座瓜架，就架在水面上；满架都是黄色的花，也已有几个早结的绿皮的瓜。那样有趣而可爱的瓜架，我从不曾见过。再下面是一个深潭，绿色的水，莹静地停储在那里。我静静地立着，可以照见自己的面貌。高山如翠绿屏风似的围绕于三面。静悄悄的一点儿人声、鸟声都没有。能在那里静立一两个钟头，那真是一种清福。但偶一抬头，却见太阳光已经照在山腰了。

一看表，已经七点，不能不回去了。再经过那个村落时，犬和人却都已进屋去，不再看见。到了市集，却忘了上山脊的路，去问保安队，他们却说不知。保安队会不知驻在地的路径，那真有些奇闻！我不再问他们，自己试了几次，终于到达了山脊，由那里到家，便是熟路了。

同家后，问问心南先生，他们说的大市集原来果是那里。山市竟是如此地寂寥的，那是我初想不到的；山中人原却并不比都市中人朴无欺诈，那也是我初想不到的。

一九二六年十一月二十八日

16. 大佛寺

◉郑振铎

祝福那些自由思想者！

挂了黄布袋去朝山，瘦弱的老妇，娇嫩的少女，诚朴的村农，一个个都虔诚的一步一挨地，甚至于一步一拜地，登上了山；口里不息地念着佛，见蒲团就跪下去磕头，见佛便点香点烛。自由思想者站在那里看着笑着："呵，呵，那一班愚笨的迷信者"。一个蓝布衣衫、拖着长辫的农人，一进门便猛拜下去，几乎是朝了他拜着，这使他吓了一跳，便打断了他的思想。

几个教徒，立在小教堂门外唱着《赞美诗》，唱完后便有一个在宣讲“道理”，四周围上了许多人听着，大多数是好事的小孩子们，自由思想者经过了那里，不禁嗤了一声，连站也不一站的走过了。

几个教徒陪他进了一座大礼拜堂。礼拜堂门口放了两个大石盆，盛着圣水，教徒们用手蘸了些圣水，在胸前画了一个“十”字，便走进了。大殿的四周都是一方一方的小方格，立着圣像，各有一张奇形的椅子，预备牧师们听忏悔者自白用的。那里是很庄严的，然而自由思想者是漠然淡然地置之。

祝福那些自由思想者！

然而自由思想者果真漠然淡然么？

他嗤笑那些专诚的朝山者、传道者、烧香者、忏悔者，真的是！然而他果真漠然淡然么？

不，不！

黄色的围墙，庄严的庙门，四个极大的金刚神分站左右。一二人合抱不来的好多根大柱，支持着高难见顶的大殿；香烟缭绕着；红烛熊熊地点在三尊金色的大佛之前，签筒滴答滴答地作响，时有几声低微的宣扬佛号之声飘过你的耳边。你是被围抱在神秘的伟大的空气中了。你将觉得你自己的空虚，你自己的渺小，你自己的无能力；在那里你是与不可知的运命、大自然、宇宙相见了。你将茫然自失，你将不再嗤笑了。

尖耸天空的高大建筑，华丽而整洁的窗户、地板，雄伟的大殿，十字架上是又苦楚、又慈悲的耶稣，一对对的纯洁无比的白烛燃着。殿前是一个空棺，披罩着绣着白“十”字的黑布，许多教徒的尸体是将移停于此的。静悄悄的一点声响也没有，连苍蝇展翼飞过之声也会使你听见。假使你有意地高喊一声，那你将听见你的呼声凄楚的自灭于空虚中。这里，你又被围抱在别一个伟大的神秘的空气中了。你受到一种不可知的由无限之中而来的压迫。你又觉得你自己是空虚、渺小、无能力。你将茫然自失，你将不再嗤笑了。

便连几缕随风飘荡的星期日的由礼拜堂传出的风琴声、赞歌声以及几声断续的由寺观传到湖上的薄暮的钟声、鼓声，也将使你感到一种压迫、一种神秘、一种空虚。

那些信仰者是有福了。

呵，我们那些无信仰者，终将如浪子似的，如秋叶似的萎落在漂流在外面么？

我不敢想，我不愿想。

我再也不敢嗤笑那些专诚的信仰者。

我怎敢踏进那些“庄严的佛地”呢？然而，好奇心使我们战胜了这些空想，而去访问科仑布的大佛寺。

无涯的天，无涯的海，同样的甲板、餐厅、卧房，同样的人物，同样的起、餐、散步、谈话、睡，真使我们厌倦了；我们渴欲变换一下沉闷空气。于是我们要求新奇的可激动的事物。

到了科仑布，我们便去访问那久已闻名的大佛寺。我们预备着领受那由无限的主者，由庄严的佛地送来的压迫。压迫，究之是比平淡无奇好些的。

呵，呵，我们预备着怎样的心情去瞻仰这古佛，这伟佛，这只有我们自己知道。

到了！一所半西式的殿宁，灰白色的墙，并不庄严地立在南方的晚霞中。到了！我有些不信。那不是我们所想象的“佛地”，没有黄墙，没有高殿，没有一切一切，一进门是一所小园，迎面便是大卧佛所在的地方。我们很不满意，如预备去看一场大决斗的人，只见得了平淡的和解之结局一样的不满意。我们直闯进殿门。刚要揭开那白色嵌花的门帘时，一个穿黄色的和尚来阻止了。“不！”他说，“请先脱了鞋子。”于是我们都坐到长凳上脱下了皮鞋，用袜走进光滑可鉴的石板上。微微地由足底沁进阴凉的感触。大佛就在面前了。他慈和地倚卧着，高可一二丈，长可四五丈，似是新塑造的，油漆光亮亮的。四周有许多小佛，高鼻大脸，与中国所塑的罗汉之类面貌很不相同。“那都是新的呢。”同行的魏君说。殿的四周都是壁画，也似乎是新画上去的。佛前有好些大理石的供桌，桌上写着某人献上，也显然是新的。

那不是我们所想象的大佛寺里的大卧佛！

不必说了，我们是错走人一个新的佛寺里来了！

然而，光洁无比的供桌，堆着许多许多“佛花”，神秘的花香，一阵阵扑到鼻上来时，有几个上人，带了几朵花来，放在桌上合掌向佛，低微的念念有词；风吹动门帘，那帘上所系的小铜铃，便丁零作声。我呆呆的立住，不忍立时走开。即此小小的殿宁，也给我以所预想的满足。

我并不懊悔！那便是大佛寺，那便是那古旧的大卧佛！

出门临上车时，车夫指着庭中一个大围栏说：“那是一株圣树。”圣树枝叶披离，已是很古老了。树下是一个佛龛，龛前一个黑衣妇人，伏在地上默默地祷告着。

呵，怕吃辣的人，尝到一点儿辣味已经足够了。

17. 象牙戒指

◉ 石评梅

记得那是一个枫叶如荼，黄花含笑的深秋天气，我约了晶清去雨华春吃螃蟹。晶清喜欢喝几杯酒，其实并不大量，仅不过想效颦一下诗人名士的狂放。雪白的桌布上陈列着黄赭色的螃蟹，玻璃杯里斟满了玫瑰酒。晶清坐在我的对面，一句话也不说，一杯杯喝着，似乎还未曾浇洒了她心中的块垒。我执着杯望着窗外，驰想到桃花潭畔的母亲。

正沉思着忽然眼前现出茫洋的大海，海上漂着一只船，船头站着激昂慷慨，愿血染了头颅誓志为主义努力的英雄！

在我神思飞越的时候，晶清已微醉了，她两腮的红采，正照映着天边的晚霞，一双惺忪似初醒时的眼，她注视着我执着酒杯的手，我笑着问她：“晶清！你真醉了吗？为什么总看着我的酒杯呢！”

“我不醉，我问你什么时候带上那个戒指，是谁给你的？”她很郑重地问我。

本来是件极微小的事吧！但经她这样正式的质问，反而令我不好开口，我低了头望着杯里血红潋滟的美酒，呆呆地不语。晶清似乎看出我的隐衷，她又问我道：“我知道是辛寄给你的吧！不过为什么他偏要给你这样惨白枯冷的东西？”

我听了她这几句话后，眼前似乎轻掠过一个黑影，顿时觉着桌上的杯盘都旋转起来，眼光里射出无数的银线。我晕了，晕倒在桌子旁边！晶清急忙跑到我身边扶着我。

过了几分钟我神经似乎复原，我抬起头又斟了一杯酒喝了，我向晶清说：“真的醉了！”

“你不要难受，告诉我你心里的烦恼，今天你一来我就看见你带了这个戒指，我就想一定有来由，不然你决不带这些妆饰品的，尤其这样惨白枯冷的东西，波微！你可能允许我脱掉它，我不愿意你带着它。”

“不能，晶清！我已经带了它三天了，我已经决定带着它和我的灵魂同在，原谅我朋友！我不能脱掉它。”

她的脸渐渐变成惨白，失去了那酒后的红采，眼里包含着真诚的同情，令我更感到凄伤！她为谁呢！她确是为了我，为了我一个光华灿烂的命运，轻轻地束在这惨白枯冷的环内。

天已晚了，我遂和晶清回到学校。我把天辛寄来象牙戒指的那封信给她看，信是这样写的：

> ……我虽无力使海上无浪，但是经你正式决定了我们命运之后，我很相信这波涛山立狂风统治了的心海，总有一天风平浪静，不管这是在千百年后，或者就是这握笔的即刻；我们只有候平静来临，死寂来临，假如这是我们所希望的。容易丢去了的，便是兢兢然恋守着的；愿我们的友谊也和双手一样，可以紧紧握着的，也可以轻轻放开。宇宙作如斯观，我们便毫无痛苦，且可与宇宙同在。
>
> 双十节商团袭击，我手曾受微伤。不知是幸呢还是不幸，流弹洞穿了汽车的玻璃，而我能坐在车里不死！这里我还留着几块碎玻璃，见你时赠你做个纪念。昨天我忽然很早起来跑到店里购了两个象牙戒指；一个大点的我自己带在手上，一个小的我寄给你，愿你承受了它。或许你不忍吧！再令它如红叶一样的命运。愿我们用“白”来纪念这枯骨般死静的生命。……

晶清看完这信以后，她虽未曾再劝我脱掉它，但是她心里很难受，有时很高兴时，她触目我这戒指，会马上令她沉默无语。

这是天辛未来北京前一月的事。

他病在德国医院时，出院那天我曾给他照了一张躺在床上的像，两手抚胸，很明显地便是他右手那个象牙戒指。后来他死在协和医院，尸骸放在冰室里，我走进去看他的时候，第一触目的又是他右手上的象牙戒指。他是带着它一直走进了坟墓。

18. 翠峦清潭畔的石床

◉ 石评梅

黄昏时候汽车停到万寿山，揆已雇好驴在那里等着。

梅隐许久不骑驴了，很迅速的跨上鞍去，一扬鞭驴子的四蹄已飞跑起来，几乎把她翻下来，我的驴腿上有点伤不能跑，连走快都不能，幸而好是游山不是赶路，走快走慢莫关系。

这条路的景致非常好，在平坦的马路上，两旁的垂柳常系拂着我的鬓角，迎面吹着五月的和风，夹着野花的清香。翠绿的远山望去像几个青螺，淙淙的水音在桥下流过，似琴弦在月下弹出的凄音，碧清的池塘，水底平铺着翠色的水藻，波上被风吹起一弧一弧的皱纹，里边倒影着玉泉山的塔影；最好看是垂杨荫里，黄墙碧瓦的官房，点缀着这一条芳草萋萋的古道。

经过颐和园围墙时，静悄悄除了风涛声外，便是那啼尽兴亡恨事的暮鸦，在苍松古柏的枝头悲啼着。

他们的驴儿都走的很快，转过了粉墙，看见梅隐和揆并骑赛跑；一转弯掩映在一带松林里，连铃声衣影都听不见看不见了。我在后边慢慢让驴儿一拐一拐地走着，我想这电光石火的一刹那能在尘沙飞落之间，错错落落遗留下这几点蹄痕，已是烟水因缘，又哪可让他迅速的轻易度过，而不仔细咀嚼呢！人间的驻停，只是一凝眸，无论如何繁缛绮丽的事境，只是昙花片刻，一卷一卷的像他们转入松林一样渺茫，一样虚无。

在一片松林里，我看见两头驴儿在地上吃草，驴夫靠在一颗树上蹲着吸潮烟，梅隐和揆坐在草地上吃葡萄干；见我来了他们跑过来替我笼住驴，让我下来。这是一个墓地，中间芳草离离，放着一个大石桌几个小石凳，被风雨腐蚀已经是久历风尘的样子。坟头共有三个，青草长了有一尺多高；四围遍植松柏，前边有一个石碑牌坊，字迹已模糊不辨，不知是否奖励节孝的？如今我见了坟墓，常起一种非喜非哀的感觉；愈见的坟墓多，我烦滞的心境愈开旷；虽然我和他们无一面之缘，但我远远望见这黑色的最后一幕时，我总默默替死者祝福！

梅隐见我立在这不相识的墓头发呆，她轻轻拍着我肩说：“回来！”揆立在我面前微笑了。那时驴夫已将驴鞍理好，我回头望了望这不相识的墓，骑上驴走了。他们大概也疲倦了，不是他们疲倦是驴们疲倦了，因之我这拐驴有和他们并驾齐驰的机会。这时暮色已很苍茫，四面迷蒙的山岚，不知前有多少路？后有多少路；那烟雾中轻笼的不知是山峰还是树林？凉风吹去我积年的沙尘，尤其是吹去我近来的愁恨，使我投入这大自然的母怀中沉醉。

惟自然可美化一切，可净化一切，这时驴背上的我，心里充满了静妙神微的颤动；一鞭斜阳，得得蹄声中，我是个无忧无虑的骄儿。

大概是七点多钟，我们的驴儿停在卧佛寺门前，两行古柏萧森一道石坡欹斜，庄严黄红色的穹门，恰恰笼罩在那素锦千林，红霞一幕之中。我踱过一道蜂腰桥，底下有碧绿的水，潜游着龙眼红鱼，像燕掠般在水藻间穿插。过了一个小门，望见一大块岩石，狰狞像一个卧着的狮子，岩石旁有一个小亭，小亭四周，遍环着白杨，暮云里蝉声风声噪成一片。

走过几个院落，依稀还经过一个方形的水池，就到了我们住的地方，我们住的地方是龙王堂。龙王堂前边是一眼望不透的森林，森林中漏着一个小圆洞，白天射着太阳，晚上照着月亮；后边是山，是不能测量的高山，那山上可以望见景山和北京城。

刚洗完脸，辛院的诸友都来看我，带来的糖果，便成了招待他们的茶点；在这里逢到，特别感着朴实的滋味，似乎我们都有几分乡村真诚的遗风。吃完饭，我回来时，许多人伏在石栏上拿面包喂鱼，这个鱼池比门前那个澄清，鱼儿也长的美丽。看了一回鱼，我们许多人出了卧佛寺，由小路抄到寺后上山去，撰叫了一个卖汽水点心的跟着，想寻着一个风景好的地方时，在月亮底下开野餐会。这时候暝色苍茫，远树浓荫郁翁，夜风萧萧瑟瑟，梅隐和撰走着大路，我和云便在乱岩上跳蹿，苔深石滑，跌了不晓的有多少次。经过一个水涧，他们许多人悬崖上走，我和云便走下了涧底，水不深，而碧清可爱，淙淙的水声，在深涧中听着依稀似嫠妇夜啼。几次回首望月，她依然模糊，被轻云遮着；但微微的清光由云缝中泄漏，并不如星夜那么漆黑不辨。前边有一块圆石，晶莹如玉，石下又汇集着一池清水。我喜欢极了，刚想爬上去，不料一不小心，跌在水里把鞋袜都湿了！他们在崖上，拍着手笑起来，我的脸大概是红了，幸而在夜间他们不曾看见；云由岩石上踏过来才将我拖出水池。

抬头望悬崖削壁之上，郁郁阴森的树林里掩映着几点灯光，夜神翅下的景致，愈觉的神妙深邃，冷静凄淡；这时候无论什么事我都能放得下超得过，将我的心轻轻底捧献给这黑衣的夜神。我们的足步声笑语声，惊的眠在枝上的宿鸟也做不成好梦，抖战着在黑暗中乱飞，似乎静夜旷野爆发了地雷，震得山中林木，如喊杀一般的纷乱和颤噤！前边大概是村庄人家罢，隐隐有犬吠的声音，由那片深林中传出。

爬到山巅时，凉风习习，将衣角和短发都（吹）起来。我立在一块石床上，抬头望青苍削岩，乳泉一滴滴，由山缝岩隙中流下去，俯视飞瀑流湍，听着像一个系着小铃的白兔儿，在涧底奔跑一般，清冷冷忽远忽近那样好听。我望望云幕中的月儿，依然露着半面窥探，不肯把团圆赐给人间这般痴望的人们。这时候，揆来请我去吃点心，我们的聚餐会遂在那个峰上开了。这个会开的并不快活，各人都懒松松不能十分作兴，月儿呢模模糊糊似乎用泪眼望着我们。梅隐躺在草上唱着很凄凉的歌，真令人愁肠百结；揆将头伏在膝上，不知他是听她姐姐唱歌，还是膜首顶礼和默祷？这样夜里，不知什么紧压着我们的心，不能像往日那样狂放浪吟，解怀痛饮？

陪着他们坐了有几分钟，我悄悄的逃席了。一个人坐在那边石床上，听水涧底的声音，对面阴浓萧森的树林里，隐隐现出房顶；冷静静像死一般笼罩了宇宙。不幸在这非人间的，深碧而沓渺的清潭，映出我迷离恍惚的尘影；我卧在石床上，仰首望着模糊泪痕的月儿，静听着清脆激越的水声，和远处梅隐凄凉人云的歌声，这时候我心头涌来的凄酸，真愿在这般月夜深山里尽兴痛哭；只恨我连这都不能，依然和在人间一样要压着泪倒流回去。篷勃的悲痛，还让它埋葬在心坎中去辗转低吟！而这颗心恰和林梢月色，一样的迷离惨淡，悲情荡漾！

云轻轻走到我身旁，凄（然）的望着我！我遂起来和云跨过这个山峰，忽然眼前发现了一块绿油油的草地。我们遂拣了一块斜坡，坐在上边。面前有一颗松树，月儿正在树影中映出，下边深涧万丈，水流的声音已听不见；只有草虫和风声，更现的静寂中的振荡是这般阴森可怕！我们坐在这里，想不出什么话配在这里谈，而随便的话更不愿在这里谈。这真是最神秘的夜呵！我的心更较清冷，经这度潭水涛声洗涤之后。

夜深了，远处已隐隐听见鸡鸣，露冷夜寒，穿着单衣已有点战栗，我怕云冻病，正想离开这里；揆和梅隐来寻我们，他们说在远处望见你们，像坟前的两个石像。

这夜里我和梅隐睡在龙王堂，而我的梦魂依然留在那翠峦清潭的石床上。

19. 珍珠耳坠子

◉胡也频

一天下午，在富绅王品斋家里忽然发生了一件事情。这事情发生的原因是：当这个富绅用快活的眼睛看他所心爱的第三姨太太时候，无意中却发现在那娇小的脸旁边，在那新月形的耳朵底下，不见了一只珍珠耳坠子。他开始问：“看你，还有一只耳坠子呢？”

姨太太正在低着头，用小小的洋剪子剪她小小的指甲，她好像还在思想着什么。

“看你，”他又问：“还有一只耳坠子呢？”她斜斜地仰起头，看他，一面举起手儿去摸耳朵。“在那边？”她含笑地问他。

“左边。”

证明了，她的脸色就现出寻思和踌躇起来。“怎么……”她低声地自语。

他用一种等待回答的眼光看她。

她开始向化妆台上，衣柜上，茶几上，……这间房子里面的东西全溜望过了，然而都不见，并且她用力去思索也没有影响，她是完全不知究竟这耳坠子是失落在何处。于是，一种恐惧的观念就发生了，她的心头怯怯地担负着很重的忧虑。因为，象这一对珍珠耳坠子，纵不说价值多少，单凭那来源和赠与，就够她很多的不安了。她知道，倘若这耳坠子真个不见了一只，为了金钱和好意两方面，她的这位重视物质的老爷，纵喜欢她，也一定要发气了，这场气又得亏她好久的谄媚，撒娇，装气，以及设想另一种新鲜样儿去服侍，去满足他的快乐。这是怎样为难的苦事！其次，为了这对耳坠子，在两个星期前，她还和正太太和二姨太生了争执，费了很大的力气才得到胜利，可是现在把它丢了，这不消说，是使她们嘲弄和讥笑的。还有在她自己爱俏的心理上面，忽然损失了一件心爱的妆饰品，也是很惆怅，郁郁的，很不快乐。因为以上的种种缘故，她的心里又忧又苦恼又焦灼，脸色就变了样儿。她许久在踌躇着。

她的老爷却又追问她："怎么，真的不见了么！"这声音，显然是有点气样了。

"是的！"她想回答，可是她不敢，未来的一种难堪的情景展布在她眼前，使她害怕了。

她想，假使说是无缘无故的丢了，这是不行的，因为这一来，那各种的诃责和讥笑是怎样忍受呢？

"那么"，她悄悄地计划道，"我不能忍受那样的诃责和讥笑，我应该撒一谎……"于是她端正一下脸儿，作了一种记忆的样式，把眼光凝望到脸盆架上。

"怎么，真个丢了么？"

关于这声音，这一次，她已经不像先前那样的局促；她是有了把握了，爽利的回答："丢了，"她说，"不会吧，我刚才洗脸时候，放在这上面……"手指着脸盆架上的胰子盒旁边。

"那，那不会丢。"她的老爷有点喜色了；接上说，"找一找看……"

她就站起来，走过去，装作十分用心的寻觅了一会，就诧异的，疑惑的自语说："不见了……奇怪！"

"怎么就会不见呢，放在这儿？"她接着说。其实在她心里，却觉得有一种自欺自骗的可笑意思。

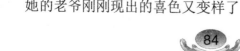

她的老爷刚刚现出的喜色又变样了，近乎怒，声音急促的问："真

丢了？放在这儿么？岂有此理！”

“记得清清白白的……”

“有人来过么？”

这句话，忽提醒了她，于是一种卸责的方法她就想到了，她故意低下脸儿，作寻思模样。

过了一会儿，她说：“除了小唐，没有别人来；陈妈吴妈她们都在外面……”她觉得老妈子们都年纪大，怕会争辩，而小唐却是哑巴嘴，易于诬赖的。

所谓小唐，那是一个小孩子，十六岁了，他的矮小却只能使人相信是十二岁，他是王老爷的乳妈的孙儿。这个老妇人在三年前的一天死了。当她还有感觉的时候，她凭了自己在中年时所牺牲的乳浆和劳苦，她带点眼泪的把小唐送到王家来，作点轻便的差事，算是小厮吧。因为她的儿子当兵去，一离家就没有消息；媳妇呢，是渐渐地不能安居，到外面去和男人勾搭，终于不明言的坦然结伴去了。……这小唐，在他祖母死前半年的那天，也像一匹羊，就送到王家来了。虽说他是来当小厮，但无事可做，却成了同事们的一件极妙的开心物件，因为关于他母亲的故事便是最好给人家取笑的资料；可是因他的模样小，又老实，王老爷就常常叫来吹纸煤子，侍候水烟袋。……

只要王老爷在家里，他便常常进到内房来。

这时，为了珍珠耳坠子，这个姨太太却想到他。

然而王老爷却回答：“小唐？不会吧，他很老实的！”

“那么，没有别的人进来，我的耳坠子怎么会不见呢？”

这自然是一个很充足的理由。王老爷不说话了，他开始呼唤用人们。连续进来的，是三个老妈子。她们知道了这件事，为了地位和自私心，都极力的摆脱去自己，又殷殷勤勤地在房子里盲目的乱找，一面像叹息又像是诅咒般的低声小语。

“不用找了！”她说，“陈妈，你去叫小唐来，这自然是他——”脸上，显然是充满着怒气了。

不久，一个只像十二岁模样的小孩子默默地跟着陈妈走来，他似乎已知道了这不幸的消息，神色全变了，眼睛发呆，两只手不知着落的在腿边。他费了很大的力气才跨过门槛，进了房。

看情形，他害怕了，怯怯地紧站在门后边。

“小唐”，王老爷对他说，“你刚才在这儿，你看见那脸盆架上，姨太的一只珍珠耳坠子么？”声音虽然很平和，可是眼光却极其严厉。

他吓慌了，连连地摇起头。

“说出来，不要紧的！”姨太好像忘记了是诬赖，当真样说出类乎审判官的口吻了。

“对了！”王老爷同意她的话。“你拿出来，就算了，什么事也没有。”

“拿出来，不要紧的！”陈妈也插嘴。

“拿出来。不要紧的！”其余的人都附和。

然而小唐被这样严重的空气给压住了，他不但害怕，简直是想哭了。他不知道应该说出怎样的话。

“不说么？想赖，那是不行的，只有你一个人在这儿——自然是你！”

像这类考究的话，姨太太，王老爷，老妈子，他们把各种的恐吓，温和，严厉，以及诱惑，全说过了，可是小唐却始终紧紧地站在门后边，没有回答。因此，由贼人胆虚的原则，看小唐那样的恐慌，王老爷就把这罪犯确定了。他最后怒声的说：“小唐，你再不说话，拿出来，我就叫人用皮鞭子抽你五十下了！”

“皮鞭子！”这三个字的声音真像一把铁锤，在小唐的心上痛击了。他不禁地战栗起来。因为，在平常，当年纪大力气大的同事们拿他作乐的时候，他们曾常常舞动过这皮鞭子，有时故意的落到他身上，纵不曾用力，却也使他经过了两三夜，还觉得痛。现在，忽然听见主人家要抽他五十下这皮鞭子，想起那种痛，他的全身的骨骼都几乎发了松，他哭了，眼泪像大颗的汗珠般连着滚下。

因了哭，王老爷更发怒了，他的暴躁像得了狂病。

“滚去！”他粗声喝道：“滚去……这不成器东西。”同时，他又转脸向吴妈说，“把这坏东西带去，叫刘三抽他五十下皮鞭！哼……”

小唐想争辩，但又害怕，他知道这件事是冤枉，是一种诬害，然而怎样说呢？他战栗着！

“不是我……”他全身的力量都放在这上面了。

然而没有一个人理会他，吴妈并且走近来，拉他走；可是他站着，怯怯的，却又像钉在门上似的紧挨着。“滚！快滚……”

王老爷的怒气更盛。

小唐发怔了，他好像没有意志似的随着吴妈走出去，眼泪便不住的代表他的诉苦。

“真可气……”姨太太还唧哝着。

“都是你”，王老爷却埋怨，“要不放在那上面，怎么会丢呢？”

“这孩子近来学坏了，好像刘三他们说，他常常跑到小庆街，在江苏会馆门前赌摊了……”也不知是讨好，还是幸灾乐祸，但多半总是为夸张自己吧，陈妈忽带点笑意的说。

“自然是他——”

“丢了看你怎么办？”

“你再买一对给我就是了。”

“再买？哪里有这许多钱！就是再买，横直老大和老二她们，也是要说闲话的。”

“我不怕；让她们说去好了……”

在对话中，从外院，忽然传来了隐隐的哭声，这自然正是小唐挨着皮鞭子。

虽说房子里严重的空气稍变成温和，可是这一件的事情总未结束，大家都还各有所思。在王老爷的心中，他非常懊恼地想着耳坠子的价值是三百元。姨太太却挂念那正太太和二姨太的嘲弄和讥笑。老妈子们，那不消说，她们是悄悄地感到侥幸，以及设想更完全的方法，免掉这件事的干系。

在很久的时间中，这一家人几乎是这样的混过。

到夜里，在小唐被逐出大门外去睡觉的时候，姨太太照常样，服侍她的老爷到床上，老爷因体弱而先睡了。她忽然在枕头底下，发现了那只珍珠耳坠子。这时，她不禁暗暗地失笑，她想到这只小东西，一定是在昨夜的疯狂中，不知觉地丢下来的……

耳坠子得着了，这自然可免掉那嘲弄和讥笑，并且又有了一件心爱的妆饰品，老爷也欢喜了。

想着，想着，快乐终把她引到睡梦去。

20. 小小的旅途

◉ 胡也频

从常德到汉口，这路上，是必须经过很多的小小仄仄的河。倘若在秋天，纵不说和冬季相联的秋末，水也浅了，仄小的河于是越显出仄小来，如汉寿一带的河道，就只能用木划子去通行了。要是入了冬，即所谓八百里的洞庭湖，有很多的地方，小火轮走着，也是担忧担忧的，把竹篙子去测量水度，生怕一不留神，船搁浅了，这是非常不快意的事。并且，在那个时候，所谓湖，其实已缩小到真像一个池子罢，两旁边——不，是四周围，使人望不尽的全是沙和混合的滩，软润和干涸的，给阳光照着，那上面便现出许多闪烁不定的小小金属之类的光。还有捕鱼为业的人，便盖了矮矮的茅屋在那滩上面。……

然而，这一次，从常德动身到汉口去，时正仲秋，因了六月间曾涨了一次大水，所以在仄小的河中，小火轮还可以来往。

我买的是房舱票。

在这个小火轮中，所谓房舱，是大异于普通的江船和海船的。当一个茶房作我的引导，推开那严闭着的房舱的大门（其实没有小门）时候，一股臭气，也像是久囚的野盗得到越狱的机会一般，就神速和有力的冲了出去，使我竟至于头脑昏乱了好久。

“这就是么？”我怀疑。

“就是的！”

丢下铺卷和箱子，茶房顾自走了。

“这怎么能够住……”我站在梯子边想。

“喂！”听到从黑乎乎中奔出这一声来，我这时才仿佛地看见这个房舱的积量：宽约八尺，长只有一丈二，高还不及七尺罢；但其中，却安置着床铺十二架，分作两层，已经住了许多客，也不知他们是在闲谈些什么，吱吱喳喳，如同深夜里竹篙子撑水的声响。

“喂……请关门！”这是躺在梯子边那床铺上面的一个胖子，偏过脸来，向我说。我不禁地纳罕到他的鼻子是长得非常可惊的大。

我看他，是因为这缘故罢，胖子却误会了，举起手儿指到最后面的下层床铺，在那里，暗暗的，只隐隐地可见到两个女人，以及说不定有多少个的小孩子，于是他继续说：“他们……怕风。”

这一句话，在某种意义上，算是很充足的理由吧，所以不等我动手，这胖子就歪着身子，用力的把门关了；舱里面又恢复了黑暗。

在黑暗中，要找到空的铺位，是很难罢，除了借重到灯光，唯一的，那只能够权为瞎子，茫然的用手去摸索了。

“有人！”

我摸索去，客就喊。其实，因了这初得到的异样新颖的经验，只要刚刚碰到别人的腿，脚，腰，……，或者竟是觉得有生物的热气时，我的手早就神速而且怯怯的，收缩转来了。

“往外面，梯子边，靠左手，那上层，……”

也不知是哪个客，出我意外的朗声指示，这确然是一种很可感的好意罢，但是我却愤怒了，觉得健健壮壮的一个人，成了傀儡，供这舱里的客捉弄，随便什么人在这时要我向左就向左，退后就退后，我是完全失了意志的自由和本能的功力了，也像是囚徒或奴隶一般的得受人支配……究竟我终须忍耐住这感想，照着客的指示做去，这才得到空的铺位子。在这铺位旁边，我忽然发现到有一个小小的窗子，便把窗板推开，那清爽的空气和可爱的光亮，透进了，真值得说是无可名状的愉快罢。然而，紧接的，为了这舱里其余的窗子全严闭着，那种不堪的臭气，就浩浩荡荡，无穷止地向这里奔来，终使我再不能缄默；我说：“你们的窗子怎么不打开？”

“风大……”那胖子先回答。

“对了，风太大。”别的客人就连声附和。

看这情形，无疑的，就是更明显地关于常识的话说出来也要等于废物，于是我住口了，但是想：他们这一伙人，纵在没有空气的地方，也会异于常人的依样好好地生存着吧……。

那种臭气终是不可忍耐的；我被逼的跑到舱外去，站在船头，很久了，我恍惚觉得我是受了非常大的一种宽赦，有如自己就是一个什么罪犯。

船上的烟囱懒懒地吐出淡淡的煤烟……在船身的两旁，密密杂杂的围满着许多木划子，这都是做生意的，有卖面，卖汤丸，卖香烟饼子，以及凡是旅客们所临时需要的各种东西。这些小贩子，为了招徕主顾，便都是及笄的姑娘和半老的婆娘，他们操作着，叫喊着，慌忙着，但有时却也偷闲的向较阔的客人丢一下媚眼，和不在意的说出两三句通俗的俏皮话。间或遇到善于取笑的老油脸，他们纵不愿意，却因为营业关系。也只好勉强的去敷衍那些人含有痞意的勾搭；——然而到末了还是归结到自己的生意方面，就问，“客人，要啵？吃一碗汤丸啵？……”不过凡是老油脸多半是吝啬的，不然就是穷，究竟取笑之后依样是不肯花三个铜壳子，买一碗汤丸吃，他们是宁肯挨着饿到船后吃船上公有的饭，至于零碎……如油炸粑粑，焦盐伞子等等，那更不必说了，也许那些人在许多年前就和这些东西绝缘了。在这些做生意的木划子上面，倘若有男人，那也只能悄悄躲在篾篷里，把舵，摇桨，和劈柴烧火这之类的工作，因为在这时假使他们出现了，那生意马上就萧条，坏事是毫无疑义的：他们全知道这缘故。

于是，卖和买，浅薄的口头肉感的满足和轻微货物的盈利，女贩子和男客人，像这两种相反而同时又是相合的彼此扯乱，叫嚷着，嘻笑着。纷扰着，把这个又仄又小的小火轮越显得没有空处了。看着这种情景，真是的，要使人不困难的联想到中国式厕所里面的粪蛆，那样的骚动，蜷伏，盘来旋去……我又觉得头昏了！

“转到舱里去罢。”我想。然而在那个舱里面正在黑暗中闲谈和静躺着的那些怕风者，不就是和粪蛆同样讨厌的一堆生物么？我不得不踌躇，而其实是苦恼了。

幸而这个船，当我正想着上岸去的时候，许多水手便忙着，铁链子沙沙锵锵的响，呀呀呵呵地哼着在起锚，就要开驶了。然而在船身摇动的这一瞬间，那些女贩子，就完全莫明其妙的，抖起嗓子了，分不清的大声地乱哼乱叫。其中，有卖面和卖汤丸子的，就为了他们的筷子，碗，铜壳子还不曾收到，急慌了，哭丧一般的，带咒带骂的呼喊着，并且凡是“落水死！烂肚皮！”等等恶意的咒语，连贯的一句句极清朗地响亮在空间，远听去，也像是一个年青的姑娘在高唱着山歌似的。

汽笛叫过了，船转了头，就慢慢地往前开驶。那些密密杂杂围满在船身两旁的木划子，这时已浮鸥一般的，落在后面了。

唱山歌似的那咒骂声音，虽然还在远处流荡，但没有人去注意，因为这些客安定了，爬上铺去，彼此又闲谈到别种的事。

不久，天黑了，并且还吹来风，很冷的，于是我只得离开船头，又归到那舱中去受臭气的窒塞。

“像这种臭气，倘若给从前暴虐的帝王知道，要采取去做一种绝妙的极酷刻的苦刑罢。”

我想。在这时，一个茶房提着煤油灯走进舱来，用两只碗相碰着，并且打他的长沙腔大声嚷着：“客人！开饭哩……”

接着便有许多客，赶忙的爬起来，当做床铺的木板子便发出札札的响。

这个茶房又用力的把两只碗碰响了一下，大声叫，“说话，你是几个？”他向着那胖子。

胖子便告诉他，并且把船票从腰间青布钱搭子里摸出来，送他看。茶房于是又逐一询问别的客。

最后，这茶房便宣告了，脸向着门外的同伙，高声的，纯熟得也像一个牧师念圣经，朗朗地嚷道：

“八个，三个和二个，四个，一个，……大大小小共统二十二个。”说完了，他又非常得意的嬉笑着，把两只碗相碰了一下。站在门外的那同伙，便如数的把碗递进来给他。

这真是可惊的事！完全出我意外的，除了我自己，我才知道这安置着十二架床铺而不得容足的舱中，竟然还住着二十一个人！二十一个人……

“我的天！”我真要这样的叹息了。

因为打了灯光，这舱中便显出昏昏的，比较不怎样的黑暗了，那胖子的家属——用花布包头的宛如年青的麻阳婆，两个中应有一个是他的堂客罢，——就开始慌慌张张的，急急地把一张灰色的线毡打开，用绳子捆在床前的柱头上；作为幔帐，也像恐怕着他们的样子给别人瞧见了，是一种重大的损失和祸害似的。然而这举动正合她丈夫的心怀，所以那胖子便笑嘻嘻的，傲然地得意着，并且不惮烦地把饭碗和筷子，从线毡的边缝间塞了进去。

当茶房把饭碗半丢式的放到我床上来，那碗座，便在我白色的棉被上留下永远的油质圆圈了。这个碗，是白地兰花，粗糙而且古板，看着会使人联想起“三寸金连”和发辫子这一类东西的，却密密地缺着口，里和面全满着腻腻的油泥。

“喂！换一个。”我说。

“一个样……”

茶房的这答话真是忠实，换到的碗的确缺口缺得更多了。

“真没有办法！……”我想；然而我还得担忧着，细想唇儿应当怎样的小心，到吃饭时才不致给缺的碗边给拉破了，流出血来。

和这碗同样恼人的，还有头尾一样四四方方的竹筷了。这筷子是当着我眼前，曾经在茶房的粗壮而且长满着黑毛的大腿上刮过痒的；因为当他预备把这筷子丢给我的时候，也不知是蚊子还是别种有毒的虫儿正在他的腿上咬着，使他惊跳了起来。

在这样的境遇中，虽然有点饿，我也只能够空着饭碗，眼看这舱中的客——他们每个人都快乐的谈笑着，一面又匆匆忙忙，饿馋馋的大口大口地吞下那不洁的饭和菜……然而这些人，他们所用的碗筷不就是和我一个样的么？其中，我尤其不能不佩服到那胖子，像他那样笑嘻嘻的，接连着从灰色的线毡边缝间把饭一碗又一碗的送进去，一面还赞颂一般的说：“多吃些啰！饭还香，菜的味儿也好。……”

大约是不很久罢，这些人便吃饱了，每个人又躺下去，大家勾搭着说一些闲话。但不久，这说话的声音就慢慢地减少了，熟睡的鼾声接连着不断地响起来。

于是，在昏昏的灯光里面，那个不容人看见的用兰花布缠着的头，忽然从灰色的毡子里钻了出来，一个完全女人的身体就出现了。她怯怯地向四周看望，鬼鬼祟祟的，低声呼唤另一个在毡子里的女人。这两个人便互相谦让了一会，结果先钻出来的那个，便蹲在木盆上面，坦白的，毫无忌惮的完全显露了凡是女人都非常保重和秘密的那部分；一种水声便响着，和那复杂而又单调的鼾声混合了。接着后出现的那女人便同样的又表演了一次。这小小空间所充满的臭气，于是又增进了奇怪的一种新鲜的伙伴。她们俩经过了商商量量，轻笑着，低语着，挨挨擦擦的并肩走去，就把木盆里面的东西在舱门边倒了出去，然而那一半却流到舱里来了。

第二天天亮之后，这两个女人却又始终不肯露面的躲在毡子里，吃饭又得那胖子一碗一碗的从边缝间送进去。……

啊！从常德到汉口去，在这小小的旅途中，我是纯粹的在这种的苦恼中沉溺！

21. 到莫斯科去

◉ 胡也频

一

电灯的光把房子充满着美丽的辉煌。那印着希腊图案的壁纸闪着金光和玫瑰的颜色。许多影子，人的和物件的，交错地掩映在这炫目的纸上，如同在一片灿烂的天边浮着一些薄云。香烟和雪茄烟的烟气不断地升起来，飘着，分散着。那放射着强度光芒的电灯，三条银色的练子一直从天花板上把它吊得高高的，宛如半个月球的样子。灯罩是白种人用机器造成的一种美术的磁器，那上面，淡淡的印着——不如说是素捕着希拉西士与水中的仙女，是半裸体的在水池中露着七个女人和一个男人。在壁台上，放着一尊石刻的委娜司，和一只黑色古瓶上插着一些白色的花，好象这爱神要吻着这初开的花朵。壁炉上的火是不住地轰腾着，熊熊的火光，象极了初升的朝阳映在汹涌的海浪上。一幅伊卡洛士之死，便从这火光中现着伟大的翅膀，以及几个仙女对于伊卡洛士的爱惜。斜对着这一幅图画，是一个非常分明地，半身女人的影子，年青和美，这是一张素裳女士最近的相片，也就是她作为这一个生日的纪念品。这张相片，便是这一家宅成为热闹的缘由。许多人都为了她的生日才如此地聚集着。这时的男客们和女客们，大家都喝过了酒，多少都带着点白兰地或意大利红酒的气味，而且为了这一个庆祝素裳女士的生日，大家都非常快乐地兴奋着。虽然是分开地，在有弹力的，绣着金钱的印度缎的沙发上，各人舒服地坐着，躺着，但彼此之间都发生着交谈和笑谑的关系，带着半醉态的自由的情感。这客厅里，自从许多人影在辉煌的灯光中摇晃着，是不曾间断地响着谈话和笑声，正如这空间也不断地流荡着几盆梅花的芬香一样。

这时的女客们中，许多人又重新赞美了女主人的相片，有的说光线好，有说姿态好，有的说象极了，有的又说还不如本人好看。于是蔡吟冰女士便承认照相是一种艺术，她向着她的朋友沈晓芝女士说：“如果拍影机更进步，以后一定没有人学写生了。”

可是沈晓芝只答应了一句，便偏过脸去，听一些人谈论着柯伦泰夫人的三代恋爱问题。

夏克英女士正在大声的说："……性的完全解放……"

另一个女士便应和说："对了，只有女人才同情女人。"

有几个男客静悄悄的说："这是打倒我们的时候了。"

夏克英又继续的说，但她一眼看见女主人进来了，便站起来拉着她连声的问："素裳，你对于柯伦泰的三代恋爱觉得怎样？我非常想听你的意见。"

素裳把眼睛向这客厅里一看；徐大齐和许多政界党界要人正在高谈着政局的变化和党务的纠纷。那个任刚旅长显得英气勃勃的叙述他的光荣历史——第一次打败张作霖的国奉战争。两三个教育界的中坚分子便互相交换着北大风潮的意见。什么人都很有精神地说笑着。只有叶平一个人孤孤独独的不说话，坐在壁炉边，弯着半身低垂着头，不自觉的把火铲打着炉中的煤块，好象他深思着什么，一点也不知道这周围是流荡着复杂的人声和浓郁的空气。于是她坐下来，一面回答说："我没有什么意见。"

"为什么呢？"

"…………"

夏克英接着问："你不想说么？"

素裳便笑着低声向她说："你还问做什么呢？你自己不是早就实行了么？也许你已经做过第四代的——所以柯伦泰的三代恋爱在你是不成问题了。"

夏克英便做了一个怪脸，把眼睛半闪了一下，又说："我没有力量反抗你这一个天才的嘴。但是，我问你的是问题上的意见，并不是个人——"

素裳只好说："谁愿意怎样就怎样。在恋爱和性交的观念上，就是一个人，也常常有变更的：最早是自己觉得是对的便做去好了。"

蔡吟冰的沈晓芝便非常同意了这几句话；夏克英也转过脸去，又和一些男人辩论去了。

素裳便站起来，向着壁炉走去，那桃花色的火光映着她身体，从黑色的绸衣上闪着紫色的光，她走到叶平的身边，说："怎么？你都不说话，想些什么？"

"什么都没有想，"他仍然拿着火铲，一面抬起头来回答："我只想着我的一个朋友快来了。"

"是谁？"

"和我最好的一个朋友，大学时代的同学，我们从前是住在一间房子里。我常常把他的衣服拿到当铺去。今夜十二点他就要来到了，来北平完全是来看我，因为他不久就要到欧洲去。"

"想不到你还有这么一个好朋友。一个好朋友多么不容易！现代的人是只讲着利害的。"

"对了。现在得一个好朋友恐怕比得一个情人还难。"叶平看了手表便接下说："我现在就到东车站接他去。"于是他站了起来，向大家告别了。

素裳又坐在夏克英旁边，她带着感想地看着壁炉中的火。不久男客和女客都走了。徐大齐便打着呵欠地走过来，挽着她，一面告诉她，说他明天八点钟就得起来，因为市政府有一个特别会议。

二

伟大的火车站沉默着。吊在站顶上的电灯都非常黯澹了。每一个售票的小门都关得紧紧的。许多等着夜车的搭客——多半是乡下人之类——大家守着行李，寂寂寞寞的打着呵欠，有的挨在铺卷上半眯着眼睛，都现出一种非常疲倦的模样。搬夫们也各自躲开了，许多都躲到车站外的一家小面馆里推着牌九。停在车站门口的洋车是零零落落的，洋车夫都颤抖地蹲在车踏上，这是一些还等待着最后一趟火车的洋车夫。这车站里的景象真显得凄凉了。只有值班的站警还背着枪，现着怕冷的神气，很无聊地在车站里走着，而且走得非常的沉重，这也许恐怕他的脚要冻僵的缘故。此外，那夜里北风的叫声响了进来，这就是这车站里的一切了。

这时叶平从洋车上下来，走进了车站，一面擦着冰凉的鼻子，一面觉得两个小脚趾已经麻木了。他重新把大氅的领子包着脸颊，却并不感到獭皮领的暖和。他呵着手看着墙上的大钟，那上面的短针已走到 *12* 和 *1* 之间，他以为火车已经来过了。但在“火车开到时间表”上，他看到了这一趟慢车是一点钟才到的，便慢步地在车站上徘徊起来。

不久，这车站的搬夫一个两个地进来了，接着有一个售票的小门也打开了，许多恹恹欲睡的搭客便忽然警觉起来，醒了瞌睡，大家争先的挤到了木栏边，于是火车头的汽笛也叫起来了。大家都向着站台走去，叶平也买了一张月台票跟在这人群里。

站台上更冷了。吹得会使人裂开皮肤的冷风，强有力的在空中咆哮着，时时横扫到站台上，还挟来了一些小沙子和积雪。许多人的脸都收藏到围巾，毡帽，大氅以及衣领里面。差不多每个人都微微地打颤着。

当开往天津的特别慢车开走之后，那另一辆特别慢车便乏力地开到了。从旧的、完全透风的车厢中，零零落落地走下了一些人。叶平的眼睛便紧紧的望着下车的人，他看见了他的朋友。

“哦……洵白！”于是他跑上去，握着手了。

“这么冷，”这是一个钢琴似的有弹力的声音:“我想你不必来接。”

但是叶平却只问他旅途上的事情：“这一次风浪怎么样？晕船么？”

“还好，风浪并不大。”

他们亲热地说着话，走出车站，雇了一辆马车。

接着他们的谈话又开始了，这是一番非常真挚的话旧。叶平问了他的朋友在南方的生活情况，又问了他的工作，以及那一次广东共产党事变的情形。他的朋友完全告诉他，并且问了他的近况。

“和从前一样，”他微微地笑着回答：“不同的只是胡子多些了。”

“还吸烟么？”

“有时吸。”

“当铺呢？”

“也常常发生点关系。”

于是他的朋友便用力的握一下他的手，并且带着无限友爱地说他的皮箱里还留着一张当票。这当票是已经满期到五年多了。然而这当票上却蕴蓄着赤裸裸的，纯洁而包含着一个故事的情谊。并且，在这时，这一张当票成为代表他们人生意义的一部分，也就是不能再得的纪念品了。当洵白说到这当票的时候，在他的脸上，从疲惫于旅途的脸上，隐隐地浮泛着最天真的表情。叶平便诧愕地随着问：“是那一张？”

“就是你硬要从我身上脱下来，只当了六元的皮袍。”

叶平不自禁地响起两声哈哈了。他想着不知为什么，他从前那么喜欢当当，甚至于把被单都送到当铺去。他觉得他的穷是使他进当铺的一个原因，然而到后来，简直连有钱的时候也想把衣服拿去当。他认为这习惯也许是一种遗传，因为他父亲的一生差不多和当铺都发生着关系的。他联想到他父亲没有力量使他受完大学的教育，而他能得到学士的学位完全是他的这一个朋友的帮助。然而洵白也并不是富商或阔人的子弟，他得帮助他，却是把一个人的普通费用分做两个人用的。那时，洵白之所以要到饭厅去吃饭，只因为吃饭之后还可以悄悄地把两块馒头带回来给他。他是如此地把愁人的学士年限念完的。这时他想到这一张当票上便拍着洵白的肩膀说：“好象我从前很压迫你。”

他的朋友却自然地笑着回答：“我只觉得我从前有点怕你。”

于是这两个朋友又谈到别后的种种生活上。

叶平问他：“我一听说，或者看见什么地方抓了共产党，我就非常替你担心。你遇过危险么？”

可是洵白的嘴角上却浮着毫不在乎的微笑，说：“我自己倒不觉得，也许是天天都在危险中的缘故。”

叶平想了一想，带着一种倾心和赞叹的神气说：“你们的精神真可佩服。”

“不过牺牲的真多。”

“这是必然的。”

“我们的朋友也死得不少。张萃我，凌明，还有杨一之，他们都牺牲了。还有，从前和我们住在一个寝室的瞿少强，听说是关在牢里的，也许这时已经枪毙了。”

叶平沉了声音说：“真惨呵！”

然而洵白却改正的回了他一句：“牺牲本不算什么。”

叶平于是接着说：“无论如何——的确是——无论如何，在第三者的眼中，这种牺牲总是太怕人了。虽然我不了解马克思——不，我可以说简直没有读过他的书，但是我认为现在的社会是已经到根本动摇的时代了，应该有一种思想把它变一个新局面。”

洵白微笑地听，一面问：“你现在看不看社会科学的书？”

“有时看一点，不过并不是系统的。”

“你最近还作诗么？”

“不作了，诗这东西根本就没有用处。”

“那末作些什么呢？你的来信总不说到这些。”

“编讲义，上课，拿薪水——就作这些事。”

“你的性格真的还没有改。”

“我不是已对你说过么，我仍然是从前的我，所不同的只是多长几根胡子罢了。”

他的朋友注意地看了他的脸，便笑着说：“你把胡子留起来倒不错。”

“为什么？”

“更尊严一点。”

“不过，一留起胡子便不能讲恋爱了，中国的女人是只喜欢小白脸的。”

他的朋友笑着而且带点滑稽的问：“你不是反对恋爱的么？”

“我并不想恋爱——对于恋爱我还是坚持我从前的主张：恋爱多麻烦！尤其是结果是生儿子，更没有趣味！”说了便问他的朋友：“你呢？”

“我没有想到，因为我的工作太忙了。”

“你们同志中，我想恋爱的观念是更其解放的。”

“在理论方面是不错的。然而在实际上，为了受整个社会限制的关系，谁也不能是最理想的。”

“我觉得男女都是独身好——因为独身比同居自由得多。”

但他的朋友不继续谈恋爱问题，只问他编讲义和上课之后还作些什么事，是不是还象从前那样地一个人跑到陶然亭去，或者公主坟。

“都不去。”

“未必一个人老呆在屋子里？”

“没有事的时候，”这是带着深思的笑意说：“我常常到西城去。”

“为什么？”

“到一个朋友那里闲谈。”

“是谁？”

叶平便愉快地笑着告诉他，说他在三个月以前，在人的社会中发现了一个奇迹——一个小说中的人物，一个戏剧中的主人公，就是在现代新妇女中的一个特色女人。她完全是一个未来新女性的典型。她的性格充满着生命的力。她的情感非常热烈，但又十分细致。她的聪明是惊人的，却不表现在过分的动作上。她有一种使人看见她便不想就和她分离的力量。她给人的刺激是美感的。她对于各方面的思想都有相当的认识。她很喜欢文学，她并且对于艺术也很了解。她常常批评法国人的文学太轻浮了，不如德国的沉毅和俄国的有力。可惜她只懂得英文。她常常说她如果能直接看俄文的书，她必定更喜欢俄国的作品。她有一句极其有趣的比喻：人应该把未来主义当作父亲，和文学亲嘴。她的确非常懂得做人而且非常懂得生活的。如果看见她，听了她的谈话——只管所谈的是一件顶琐碎顶不重要的事，而不想到她是一个不凡的女人是没有的。她能够使初见面的人不知为什么缘故就和她非常了解了。

他的朋友忽然开玩笑的样子打断他的话："那末你的恋爱观念要动摇了。"

"不会的，"他郑重的说："她给我的印象完全不是女人的印象。我只觉得她是一种典型。我除了表示惊讶的敬意之外没有别的。我并且——"他停顿一下又接着说他不愿意任何人把她当做一个普通的爱人，所以他对于她的丈夫——帝国大学的法律博士，目下党国的要人，市政府的重要角色——就是那个曾称呼他"拜伦"的徐大齐先生表示了反感。

他攻讦的说："他不配了解她，因为他从前只知道'根据法律第几条'，现在也不过多懂了一点'三民主义'，他在会场中念'遗嘱'是特别大声的。"

他的朋友带点笑意地听着他说，在心里却觉得他未免太崇拜这个女人了。

这时马车已穿过了一道厚厚的红墙，并且拐了弯，从一道石桥转到河沿上，一直顺着一排光着枝的柳树跑去。许多黑影和小小黯澹的街灯从车篷边晃着过去，有时北风带着残雪打到车篷上发响，并且特别明亮的一个桃形的电灯也浮鸥似的一闪就往后去了。叶平便忙伸出头来去向车夫说："到了。那里——"

车夫便立刻收紧了缰带，马车便退走了两步，在一个朱红漆大门口，在一盏印着"大明公寓"的电灯下，停住了。

他拉着他的朋友一直往里去。

"这公寓很阔。"

"并且，"他微笑着回答："我的房间比从前的寝室也'贵族'多了。"

三

一清早，徐大齐先生到市政府开会议去了，到十二点半钟还不曾回来，素裳女士便一人吃了午饭。在餐桌边，她不自觉的又觉得寂寞起来。她觉得在一间如此高大的餐厅里，在如此多样的菜肴前，只一个人吃着饭真是太孤单而且太贵族了。于是她的那一种近来才有的感想便接着发生了。近来，在餐桌边的寂寞中，她常常感觉得吃饭真是一件讨厌的事。真的，如果人不必吃饭那是怎样地快乐。她认为既然人必需吃饭，那末便应该有点趣味，至少不变成日常的苦恼功课。如果人只是为肚子需要东西才吃饭，这实在太无味，太苦，太机械了。她常常觉得自己的吃饭，几乎和壁炉中添上煤块的意义没有两样的。因此她近来减食了，她一拿上筷子就有点厌烦。她差不多一眼也不看那桌上排满的各样菜，只是赶忙地扒了半碗饭就走开了。甚至于因为这样的吃饭竟使她感着长久的不快活，所以她离开了餐桌之后还在想："多末腻人呵，那每餐必备的红烧蹄膀！"

这时候她是斜身地躺在她的床上，手腕压着两个鸭绒枕头，眼睛发呆地看着杏黄色的墙上，因了吃饭的缘故而联想了许多的事情。她开始很理性地分析她对于吃饭生着反感的原因，然而这分析的结果却使她有点伤感了。她觉得徐大齐离开她的辰光实在太多了。他常常从早上出去一直到半夜才回来的，而且一回来就躺在床上打鼾。他真的有这样多的公务？他不应该为她的寂寞而拒绝一些应酬？他总是一天到晚的忙。真的，他想念着她的辰光简直少极了，他差不多把整个的心思和时间都耗费在他的勾心斗角的政治活动上。他居然在生活中把她的爱情看做不怎么重要了。……但是她又想着如果她不是住在这阔气的洋楼中，如果她是服务于社会的事业上，如果她的时间是支配在工作中，她一定不会感到这种寂寞，和发生了这种种浅薄的感想。于是她微微叹息的想着：“我应该有一点工作，无论什么工作都行。”

然而她一想妇女在这社会中的生活地位，便不得不承认几乎是全部的女人还靠着男人而度过了一生的。并且就是在托福于“三民主义”的革命成功中，所谓妇女运动得了优越的结果，也不过在许多官僚中添上女官僚罢了。或者在男同志中选上一个很好的丈夫便放弃了工作的。似乎女人全不想这社会的各种责任是也应该负在自己的肩上，至少不要由男人的领导而干着妇女运动的。然而中国的女人不仍然遗传着根性的懦弱，虚荣，懒惰么？女人在社会失去各种生活的地位，从女人自己来看，是应该自己负责的。因此她自己想：“除了当教员……”想着她又觉得这只是一种毫无生气的躲避的职业。于是她想她在这社会上的意义也和其他的女人一样等于零了。她不禁的有点愤慨起来。但不久她觉得这些空空的感想是无用的。于是为平静起见，便顺手拿了一本小说《马丹波娃利》。

这一本福罗倍尔的名著，在三年前她曾经看过的，但是她好象从前是忽略了许多，所以她便用心的看了起来。

当她看完了这本书，静静地思索了，她便非常遗憾这法国的一个出色的文豪却写出如此一个女人。这马丹波娃利，实在并不是一个能使人敬重甚至于能使人同情的，因为这女人除了羡慕富华生活之外没有别的思想，并且所需要的恋爱也只是为满足虚荣的欲望而且发展到变态的了。虽然福罗倍尔并不对于她表示同情，但也没有加以攻击，因此她非常怀疑这成为法国十九世纪文学权威的作家为什么要耗费二十多万字写出这么一个医生的妻子。于是她认为在这本《马丹波娃利》书中，福罗倍尔的文字精致和描写深入的艺术是成功，但在文学的创造上他是完全失败了，所以他只是十九世纪的法国作家，不能成为这人类中一个永恒不朽的领导着人生的伟人。因此他想到了许多欧洲的名著，而这些名盛一时的作家所写出的女人差不多都是极其平凡而且使人轻视和厌恶的，一直至于法郎士的心目中的女人也不能超过德海司的典型。于是她觉得，如果她也写小说，如果她小说中有一个女主人公，她一定把这女人写成非常了不起，非常能使人尊重和敬爱的……

她想着，她觉得很有创造出一个不凡女人的勇气。末了，她从床上起来，忽然在一面纤尘不染的衣镜中，看见她自己的脸上发着因思想兴奋的一种绯红，她用手心摸了一下，那皮肤有点烧热了。

她喝了一杯白开水，坐到挨近一盆腊梅大椅上，继续地想着她的创作，她完全沉思了。

但她刚刚想好了一个还不十分妥贴的题目，她的旧同学沈晓芝便一下推开门，气色蓬勃地进来了。

“我算定你在家。”她嚷着，一面把骆驼毛的领子翻下去，脱了手套。

素裳在一眼中，看出她的这一个同学今天一定遇了可喜的事，否则她不会如此发疯似的快活，因为她平素为人是非常稳重的，她甚至于因为恐怕生小孩子便不敢和她的爱人同居。

“你一定又接了两封情书。”

“别开玩笑。”沈晓芝正经地笑着说：“他今天没有来信。我也不要他来信。”

“又闹些什么？”

“他近来的信写得肉麻死了。”

素裳对于这一个同学的中庸主义的恋爱是很反对的，她常常都在进着忠告，主张既然恋爱着便应该懂得恋爱的味，纵然是苦味也应当尝一尝，否则便不必恋爱。如果两个人相好，又为了怕生小孩子的缘故而分离着，这是反乎本能的。然而她的同学却没有这种勇气，虽然觉得每天两个人跑来跑去是很麻烦的。所以素裳这时又向她说：“一同居便不会写信了。”

但是沈晓芝不回答，只笑着，并且重新兴奋地大声说：“我们看美术展览会去！”

“在那里？”

“中山公园。去不去？我是特别来邀你的！”

“去，”她回答说，“为了你近来对于美术的兴趣也得去的。”

沈晓芝便欢欢喜喜地替她开了衣柜，取一件黑貂皮的大氅披到她身上，等着她套上鞋套子。这两个女朋友看一下镜子里的影，便走了。

外面充满着冷风。天是阴阴的，马上就要沉下来的样子。那密布的冻云中，似乎已隐隐地落下雪花来。一到公园里面，空中便纷纷地飘着白色的小点，而且轻轻的积在许多枯枝上。

那美术展览会里也充满着严冷的空气。看画的人少极了。展览着国画的地方竟连一个人也没有，所以一幅胭脂般的牡丹花更显得红艳了。看了这一些鸟呀花呀孔雀呀的红红绿绿的国画之后，素裳便向着她的同伴问：“好么？”

沈晓芝含笑地摇了头，说：“大约我也画得出来。”虽然她很知道她自己刚则学了三个月的水彩画。

“对了，这些画只是一些颜色。”说着便拐一个弯去看西洋画。

陈列着画的地方好多了。看画的人也有好几个，作品是比国画要多到三倍的。然而这些名为印象派，象征派，写实派，……这些各有来源的西洋画，也不能使素裳感到比较的满意。虽然她的同伴曾指着一幅涂着非常之厚的油画，说：“这一幅好！”她也仍然觉得这只是一些油膏，并不是画，因为那上面的“乞丐”，一点也找不出属于乞丐的种种。在这些西洋画中，几乎可以代表西洋画的倾向，便是最引人注意的赤裸裸的女体画。但这些女体画不但都不美，简直没有使人引起美感的地方。虽然有一个作家很大胆地在两条精光的腿中间画了一团黑，可是这表现，似乎反把女体的美糟蹋了。其次在西洋画中也占有势力的是写生画——房子，树，树，房子，无论这些画标题得怎样优雅，都和那些女体画一样，除了在作家自己成为奇货之外是一点意义也没有的。素裳对于其余的画像等等便不想看了。她说：“走罢。”

沈晓芝正观赏着一个猴子吊在柳树上。

于是她们又拐了弯，这是古画陈列的地方了。

素裳第一眼便看见了叶平在一幅八大山人的山水画前面，低声地向着他身旁的一个人说话。那个人比他高一点，也强健一点，穿着黑灰色的西装大氅，并且旧到有点破烂了。于是她走上去，刚刚走到他身边，他便警觉地转过身，笑着脸说：“哦……你来了。”

“因为你在这里，”素裳笑着说。

叶平便忙着介绍：“这是素裳女士！这是沈晓芝女士！这是施洵白先生！”他的脸上便现出十分愉快的笑意。

素裳便向这一个生人点了头，且问：“昨夜才到的，是么？”

“也可以说今天，因为是一点钟——”

于是她忽然无意地，发现洵白在说话中有一种吸人注意的神气，一种至少是属于沉静的美。她并且觉得他的眼睛是一双充满着思想和智慧的眼睛；他的脸的轮廓也是很不凡的……好象从他身上的任何部分都隐现着一种高尚的人格。这时她听见了清晰而又稳重的声音：“来看了好久？”

“才来，不过差不多都看够了。”

洵白便会意地笑了。

沈晓芝接着向叶平问：“你喜欢看古画么，站在这里？”

“看不懂。”他带点讽刺的说：“标价一千元，想来大约总是好的。你呢，你是学画的，觉得怎样呢？”

她便老老实实的回答：“我是刚学的。我也不懂。我觉得还是西洋画比国画好点。”

于是她们和他们便走出这美术展览会，并且在公园中走了两个圈，素裳和洵白都彼此感到愉快地谈了好些话。在分别的时候，她特别向他说：“如果高兴，你明天就和叶平一路来……”

他笑着点着头而且看着她的后影，并且看着她的车子由红墙的洞中穿出去了。

于是在路上他便一半沉思地向他的朋友说：“你的话大约不错，至少我还没有遇见过——”

四

这是一个星期日。因了照例的一个星期日的聚会，在下午一点钟，徐大齐先生的洋房子门口，便排了两辆一九二九年的新式汽车，一辆英国式的高篷马车，和三五辆北方特有的装着棉蓝布篷子的洋车。这些车夫们，趁着自己的主人还有许多时候在客厅里，便大家躲在门房的炕上赌钱，推着大牌九，于是让那一头蒙古种的棕色马不耐烦的在一株大树下扫着尾巴，常常把身子颠着，踢着蹄子，……使许多行人都注意到这一家新贵的住宅中正满着阔人呢。

的确，客厅里真热闹极了。壁炉中的火是兴旺的烧着。各种各样的梅花都吐着芬香。温暖的空气使得人的脸上泛溢着蒸发的红晕。许多客人都脱去外衣，有的还把中国的长袍脱去，只穿着短衣露着长裤脚，其中有一个教育界要人还把一大节水红色绸腰带飘在花蓝丝葛的棉裤上。一缕缕三炮台和雪茄的烟气，飘袅着，散漫在淡淡的阳光里。在一张小圆桌上，汽水的瓶子排满着，许多玻璃杯闪着水光，两个穿着白色号衣的仆人在谨慎地忙着送汽水。这一些阔人，一面在如此暖和的房子中，一面喝着凉东西，嗅着花香，吸着烟，劈开腿，坐在或躺在软软的沙发上。而且——这些阔人，每个人还常常打着响亮的哈哈，似乎这声音才更加把客厅显得有声色了。大家正在高谈阔论呢。

那个人穿着中山服的王耀勋又根据建国大纲来发挥他的党见。这个先生在学校里是背榜的脚色，但在“三民主义”下却成为一个很锋芒的健将了，因此他曾做过四十天的一个省党部的宣传部部长。这时他洋洋大声的说：“党政之所以腐败皆缘于多数人之不能奉行建国大纲，因此在转入训政时期还彼此意见纷歧，此真乃党国之不幸！”

说了便有一个声音反响过来：“我以为，投机分子和腐化分子太多是一个缘故。”说这话的是方大愈先生，他现在不做什么事了，却把他自己归纳到某某派中去的。

于是有点某某会议派嫌疑的万秉先生便代表了市政府方面，带点意气的说：“不过，投机分子和腐化分子现在没有活动的余地了。”这话真对于在野的人含不少的讥刺，因为他现在是市政府最得力的秘书。

他的话便惹怒了几个失意的人，其中瞿炳成便针锋相对的大声说：“自然，现在在党国服务的都是三民主义者，但是我们不要忘记，其中显贵的人也免不了有幸运造成的——这的确不是国民党和国民政府的光荣。”

接着黄大泉先生，他在一个月以前刚登过“大泉因身体失健，此后概不参加任何工作，且将赴欧洲求学，以备将来为党国效劳”这末一则启事的，所以他也发言了："现在不操着党权和政权的并不是一种羞辱，正如现在操着党权和政机的也不是一种骄傲。我们的工作应该看最后的努力！"这两句话在一方面便发生了影响，差不多在野的人都认为是一种又光明又紧练又磊落的言论，并且大家同意地，赞成地，快乐地响应着。

这时把万秉先生可弄得焦心了。他用力的放下玻璃杯，汽水在杯中便起了波浪，眼睛发热的望着反对者，耸一耸肩膀，声音几乎是恼怒的了："如果忠实于三民主义，应该把我们的工作来证明我们的信仰，不应该隔岸观火而且说着风凉话。我们现在应该纠正的，便是自己不工作而又毁谤努力于工作的人的这一种思想。"说了便好象已报复了什么，而且在烧热的嘴唇上浮着胜利的微笑，庆祝似的喝了一大口汽水。

于是相反的话又响起来了。然而这一个客厅的主人便从容地解决了这一个辩论："听我说，如果你们不反对我的这种意见：我认为你们所争执的并不是一个问题。我觉得我们对于党国的效劳，现在都不能算为最后的尽力，所以我们应该互相——至少是对于自己的勉励，因为我们以后工作的成绩是不可预知的。"

徐大齐先生的这几句简单的意见，的确是非常委婉而且动听，不但并不袒护任何方面，还轻轻的调解了两方的纠纷，于是这客厅里的人都钦佩他的口才，认为只有他才不失为主席的资格。

那个从日本军官学校一毕业就做了旅长的任刚先生便拍着手称赞他说："你真行！"

他便按着电铃，对仆人说："Red wine！"

于是红色的酒便装在放亮的玻璃杯中，在许多手上晃来晃去的荡漾，而且响着玻璃杯相碰的声音。这客厅的局面便完全变了样子了，大家毫无成见的彼此祝福着，豪饮着，甚至于黄大泉干了杯向万秉说：

“祝你的爱情万岁！”

因为这一位秘书正倾心着他一个女书记。并且年轻的旅长，忽然抱起那留着八字胡子的教育界要人跳起舞来了。客厅里便重新充满了哈哈和各种杂乱的响动，酒气便代替了烟气在空间流荡着。正在这客厅里特别变成一个疯狂社会的时候，叶平便和他的朋友走到了这两层楼的楼梯边。他的朋友便向他低声说：“如果你不先说这是素裳女士的家，我一定会疑心是一个戏馆了。”叶平这才想到今天是徐大齐先生的星期日聚会，于是不走向客厅，向着素裳的书房走去。

听着脚步的声音，素裳便把房门开了，笑着迎了他们。这时，在洵白的第一个印象中，他非常诧异地觉得这书房和客厅简直是两个世界。这书房显得这样超凡的安静。空气是平均的，温温的。炉火也缓缓地飘着红色的光。墙壁是白的，白的纸上又印着一些银色图案画，两个书架也是白色的，那上面又非常美观地闪着许多金字的书。并且书架的上面排着一盆天冬草，草已经长得有三尺多长，象香藤似的垂了下来，绿色的小叶子便隐隐地把一些书遮掩着。在精致的写字台上，放着几本英文书，一个大理石的墨水盒，一个小小玲珑的月份牌，和一张 Watts 的《希望》镶在一个银灰色的铜框里。这些装饰和情调，是分明地显出这书房中的主人对于一切趣味都是非常之高的，于是洵白的眼中，他看出——似乎他又深一层的了解了素裳，但同时又觉得她未免太带着贵族的色彩了。他脱下帽子便听见一种微笑的声音：“我以为你们不来了。”

“为什么不来？”叶平带点玩笑的说：“世界上没有比这里更好的地方！”一面脱去围巾和大氅，在一张摇椅上坐着了。洵白也坐到临近书架的沙发上，他第一眼便看见了英译的托尔斯泰全集，和许多俄国作品。

于是这一间书房里便不断地响着他们三人的谈话，洵白一个人尤其说得多。他的声音，他的态度，他的精神，他的在每种事件中发挥的理论和见解，便给了素裳一个异乎寻常的印象。并且从其中，她知道了这个初识的朋友，是一个非常彻底的“康敏尼斯特”，而且他对于文学的见解正象他的思想，是一样卓越的。所以她极其愉快地注意着他的谈话。

当谈着小说的时候，洵白问她，在各种名著中，她所最喜欢的是那一个女人，她便回答说：“没有一个新女性的典型。并且存在于小说中的女人差不多都是缺陷的。我觉得我还喜欢《夜未央》中的安娜，但是也只是她的一部分。”

“最不喜欢的呢？”

“马丹波娃利。”

洵白对于她的见解是同意的。于是他们的谈话转到了托尔斯泰的作品上。她说：“我不很喜欢，因为宗教的色彩太浓厚了。我读他的小说，常常所得到的不是文学的意旨，却是他的教义。”

接着他们便谈到了苏俄现代的文坛，以及新进的几个无产阶级的作家。最后他们又谈到了一些琐事上。于是电灯亮了。洵白忽然发觉在对着他的那墙上，挂着一张放大的小女孩相片，虽然是一个乡下姑娘的装束，却显露着城市中所缺少的天然风度，而且大眼，长眉，小嘴，这之间又含着天真和聪明。他觉得如果他没有看错，这相片一定就是素裳从前的影子，想着她便看了她，觉得她的眼睛和那小孩子的眼睛是一样的，便笑着向她说：“很象。”

素裳迟疑了一下便回答：“还象么？我觉得我是她的老母亲了。”

“不，”叶平带笑的说：“我觉得你只是她的小姊姊。”

说了便向她告别，并且就要去拿他的大氅。

然而素裳又把他们留下了。

这时房门上响着叩门声，接着门开了，徐大齐便昂然地走了进来，嘴上还含着雪茄烟。素裳便特别敬重的介绍说："施洵白先生！叶平的最好朋友！前夜才到……"

徐大齐立刻伸出手，拿下雪茄烟，亲热的说："呵，荣幸得很！"接着便说他因为和几个朋友在客厅里，不知道他来到，非常抱歉，并且又非常诚意地请他再到客厅里去坐，去喝一点意大利的最新红酒。可是素裳却打断他的意思，说："就在这里好了。"

他已经转过脸去，向叶平问："听说贵校正闹着先生和学生的恋爱风潮，真的么？"

"我已经两天没有去了。"

于是这一个善于辞令的政治家，便充分的表现了他的才能，神色飞扬地说了许多交际话，并且随意引来了一些政治的小问题，高谈着，到了仆人来请用饭的时候。

当徐大齐挽着素裳走到饭厅里去，洵白便感想地想着这一对影子，并且客观地，在心里暗暗的分析说："这完全是两个社会的两种人物……"

五

叶平等着他的朋友回来吃夜饭，一直等了一个多钟头，终于自己把饭吃了。吃过饭之后，他又照例地坐到桌前去，编着欧洲文学史的讲义。刚刚下笔不久，写到"十八世纪的南欧与北欧"时候，一个最信仰于他的学生便来找他了。这学生带给他一个消息，便是那全校哄然的恋爱风潮。在这恋爱风潮中，他说他完全是一个局外，但他很同情于被反对者。他并且非常愤慨地认为这一次风潮完全是学生方面的耻辱，而且是一般青年人暴露了个人主义和封建时代的思想。他极端觉得遗憾的是社会对于这风潮没有公正的评判。他尤其怀疑学校当局的中立态度。最后他希望这一位先生给他一点意见。

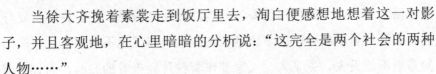

叶平便问："到底是怎么一回事？"

于是这学生便忍耐着激动，慢慢地告诉他，说是中国文学系二年级女生，他的同班，何韵清，从前和英文学系的学生陈仲平恋爱，有的说他们俩已发生了别的关系。但是前几天陈仲平便发觉她有不忠实于他的行为，并且找到了证据，就是何韵清和预科一年级法文教员又发生恋爱关系。陈仲平认为何韵清既然爱他，就不应当同时又爱别一人，因此他认为何韵清的这种行为是暧昧的行为，而且成为他恋爱的耻辱。他为惩罚何韵清起见，便过甚其辞的把这个事实公布了。于是全校的学生都哄了起来。大家都觉得何韵清的行为是不对的。他们都同情陈仲平的不幸。并且他们都认为一个女人在同一时候不能再爱另一个男人，并且认为如果一个女人在同时爱了这个又爱那个是侵犯了神圣的恋爱。因此大家对于何韵清都极端恶意的攻击，甚至于有人提倡她当野鸡去。还有许多人开了私人的会议便呈请教务处开除何韵清的学籍。另一部分人便写信警告何韵清和法文教员，还有许多不安分的人便到处说着极难听的下流话。法文教员连课也不敢上了。何韵清简直更不能见人，见了人，大家都作着种种怪难看的丑脸，而且吹着哨子，大家说着不负责的痞话。为了这个风潮，差不多什么人都无心上课了。虽然学校还照常有功课，但实际上已等于停课了，或者因此竟闹成了罢课也说不定呢。接着这学生便感着痛心地，诚诚恳恳地说出他对于这事件的见解，他负责的说他认为何韵清是对的，她的同时爱两个人是可能的，至少她的这种恋爱不是什么暧昧的行为。并且他认为何韵清爱法文教员也决不是陈仲平的耻辱。他觉得一个女人——或者男人——在同时爱上两个人是很自然的，因为一个人原来有爱许多人的本能。并且他觉得恋爱是完全自由的，旁人更没有干涉的权利。最后他又向着他的先生问："叶先生觉得怎样呢？"

他的先生便给了他许多意见，这学生感着满意地走了。叶平却沉

思起来，他想了许久他的“恋爱否认论”。这时他燃上一支香烟，却发觉已经八点十分了。然而洵白还没有回来，他想不出他不回来的缘故，因为他只说到东安市场去买点东西，并且他没有别的朋友。他揣想了许多，便有点担心起来，他很害怕他被什么人认出来了，那是非常危险的。因此他愈觉得不安了，疑惑地忧愁着，讲义也编不成了。

一直到了九点三十五分钟，这一个使人焦急的朋友，却安然地挟着一本书，推进房门，脸上浮满了快乐和得意的微笑。

“你到那里去的？”叶平直率的，带点气样的问。洵白想了一想，终于回答说：

“不到什么地方；只到素裳那里去。”

“那末晚饭已经吃过了？”

“吃过了。”

“徐大齐在家么？”

“没有，”说了又补充一句：“临走时他才回来。”

“你要留心点。这个人对于异己者是极端残酷的。”

“我不会和他说什么。”

于是他坐在一张藤椅上，打开书——英译屠格涅夫的《春潮》——微笑地看着，眼睛发光。叶平也继续编他的讲义。

但到了十二点多钟，当叶平觉得疲倦而打着呵欠，同时要洵白也去休息的时候，他忽然发现到这一个朋友的一点奇怪的事情：看书看了三点多钟，那充满着愉快的发光的眼睛，还凝神在九十二页上，竟是连一页也没有看完。

六

这一天素裳起来得特别早，她从没有象这样早过，差不多比平常早了三个钟头。她下床的时候，徐大齐还在打鼾呢。她披上一件薄绒大氅，便匆匆忙忙的跑到她的书房去。

壁炉还没有生火。梅花又新开了好些。空间充满着清冷的空气和花香的气味。她一个人坐在写字台前，一只手按在脸颊上，一动也不动。她的眼睛异样放光的。她的脸上浮泛着一种新的感想正在激动的绯红。她的头脑中还不断地飘忽着夜间梦见的一些幻影。她在她的惊异，疑惑，以及有点害怕，但同时又觉得非常的喜悦之中，她默默地沉思了长久的时候，最后她吃惊的抬起头，毫无目的看着窗外的灰色的天，一大群喜鹊正歌唱着从瓦檐上飞过去，似乎天的一边已隐然映出一点太阳的红光了。于是她开了屉子，从一只紫色的皮包中拿出一册极精致的袖珍日记本，并且用一支蓝色的自来水笔写了这两句："奇怪的幻影，然而把我的心变成更美了！"

写了便看着，悄悄的念了几遍才合拢去，又放到皮包里。于是又沉思着。

当她第二次又抬起头，她便无意地看到了左边书架的上一列，在那许多俄国作品之中空着一本书的地位，因此她的眼前忽然晃起那个借书人的影子，尤其显然的是一双充满着思想和智慧的眼睛，以及……这一些都是洵白的。

接着她悄悄地想，"奇怪……不。那是很自然的！"在这种心情中，经过了一会，她便快乐地给她的母亲写一封信。她开头便说她今天是她的一个重要日子，比母亲生她的日子还要重要。她并且说她从没有象今天这样的欢乐，说不定这欢乐将伴着她一生，而且留在这世界。她说了许多许多。她又说——这是经过一番思考之后——告诉她母亲说她在三天前，她认识了一个朋友，一个思想和聪明一样新一样丰富的人。最后她祝福她自己而且向她的母亲说："妈妈，为了你女儿的快活，你向你自己祝福吧！"

她便微笑地写着信封。这时她的女朋友夏克英跑来了，这位女士的脚步总是象打鼓似的。她叠着信纸，一面向叩门的人说："进来！"

夏克英一跳便到了她身边，喜气洋洋的。

“什么事，大清早就这样的快活？”

“给你看一件宝贝，”夏克英吃吃的笑着说，一面浪漫地把一只狐狸从颈项上解下来，往椅子上一丢，“真笑死人呢。”说了便从衣袋中，拿出了一封信，并且展开来，嘲笑的念着第一句：

“我最亲爱最梦想的安琪儿！”念了又吃吃的笑着，站到素裳身旁去，头挨头地，看着这封信，看到中间，又嘲笑的大声念道：“因为你，我差不多想作诗了！”

看完信，素裳便说：“这完全是封建时代的人物。”

“谁说不是呢？他还找着我，可不是见他的鬼了？”接着这一个恋爱中最能解放的夏克英，便轻浮地说着这一件故事。她第一句便说这个男人是傻子！说他的眼睛简直是瞎，认不清人。又说他如果想恋爱，至少要换一个清白的头脑。否则，如果他须要恋爱，便应该早生二十年。最后她讽刺的说：“也许这个人倒是一个‘佳人’的好配偶呢！”说了便把那封署名“情愿为你的奴隶”的信收起来了，并且拿了狐狸。

“急什么？”

“我还要给晓芝她们看去。”夏克英说着便动身了，走到门口时又转过脸来向素裳说：

“告诉你，昨夜是我和第八个——也许是第九个男人发生关系啊。”接着那楼梯上的脚步声音，沉重地直响了一阵。

素裳便又坐到写字台前。她对于这一个性欲完全解放的女朋友，是完全同情的。但是她自己没有实行的缘故，便是看不起一般男人，因为常常都觉得男人给她的刺激太薄弱了，纵然在性的方面也不能给她一点鼓励和兴趣。她认为这是她的趣味异于普通人。这时她又为她的女朋友而生了这种感想：

“男人永远是恋爱的落伍者，至少中国的男人是这样的。”

然而这一些浅浅的感想，一会儿便消灭了。她又重新看了给她母亲的信，并且在头脑中又重新飘忽了那种种幻影。她一直到将要吃午饭的时候才走到洗澡间去的。

当她只穿着水红色丝绒衣走进饭厅里，徐大齐已经在等着她了。他向她笑着说：“今天真是一个纪念日——你起得特别早。”接着他告诉她说：“叶平刚才打电话来，说明天早上请我们逛西山去——前两天西山的雪落得很大。”

她忽然突兀的问：“你呢，你去不去？”

“我也想去。”

于是她默默地吃着饭，心里却荡漾着波浪，并且懊恼地想：“为什么，明天，市政府单单没有会议？”

七

冬天天亮得很迟，刚亮不久的八点钟，他们便来邀她了，但她已经等待了许久。这时她对于逛西山是完全喜欢的，因为昨天从南京来了一个要人，徐大齐一清早便拜访去了，他不能和她一路去。

她对叶平说：“不要等他，说不定他到晚上才回来的。”接着便问：“为什么忽然想逛西山？”

叶平便告诉她，说他并没有想，而且他今天是功课特别多，想逛西山完全是洵白提议的，于是她看了洵白一眼，她和他的眼光便不期然接触着，她觉得他的眼光中含着不少意义，这意义是不分明的，而其中有着一种支配于感情的懦怯。

他却辩护似的说：“西山我还没有去过。从前有几次想去都没有钱去。我想这一次如果再不去，说不定以后都没有去的机会了，因为过了两天我就要离开这里……”这最后的一句便立刻给了素裳一个意外的惊愕。她没有想到这一个朋友会刚刚来便要走的。她完全不想这时便听见他这样说。她觉得这短促的晤谈简直是给她一个遗憾。她忽然感到惆怅了。她差不多沉思起来……她只仿仿佛佛地听见叶平在向她说："我们走吧！"而且问她："你吃过东西没有？"

"并不饿。"

"好的，到西山吃野餐去。"

三个人便下着楼梯，汽车夫已经预备开车了。

叶平让她坐在车位当中。汽车开走了。他们便谈话起来。但在许多闲谈中间，她时时都觉得洵白的身子有意地偏过一边，紧挨到车窗，似乎深怕挨着她而躲避她的样子。

汽车驶出了西直门，渐渐的，两旁便舒展着野景。他们的闲谈便中止了，各人把眼睛看到野外去。那大的，无涯的一片，几乎都平铺着洁白的雪。回忆中的绿色的田，这时变成充满着白浪的海了。间或有一两个农夫弯腰在残缺的菜园里，似乎在挖着剩余的白菜。一匹黄牛，远远的蜷卧在一家茅屋前，熟睡似的一动也不动。在光着枝条的树下，常常有几个古国遗风的京兆人，拖着发辫子，骑在小驴上。并且常常有一队响着铃声的骆驼，慢慢地走着，使人联想到忠厚的，朴实的，但是极其懒惰和古旧的满洲民族。这许多，都异乎近代城市的情调，因此洵白忽然转回脸来说："北平的乡下也和别的乡下不同：我们那里的乡下是非常勤苦的，田园里都是工作。"

"大约是气候不同，"叶平说，一面还看着颓了半扇红墙的古寺。

"然而，"洵白又接下说："在寒带地方的人应该能够耐苦的，北欧的民族便非常勤劳于艰难的工作。"

叶平不回答，他注意到远处的一座古墓。

"我也觉得，"素裳便同意的说，接着她和洵白便谈了南欧和北欧以及东亚的民族，各民族的特性和各地的风俗，她从他的口中听到了别人所没有的意见。这些谈话，又使她感到非常的喜悦，甚至于她觉得她好象变成很需要听他的谈话了。当他说到古代的恋爱时候，她尤其觉得在他的嘴唇边有一种使人分析不清的趣味，这也许是因为他用现代的思想谈着古代的事情吧。

“听……泉水！”叶平忽然叫。

他们的眼睛便随了这声音又看到野外去。汽车转着弯驶过一道石桥。景象有点不同了。这里是一座山，一个高高的，瘦瘦的，尖形的塔耸立在山顶上。山上满着银色的树。树之间有一两个房子，古庙吧，也许是洋房子。有着不少喜鹊之类的鸟在飞翔着。

叶平便指导似的说：“玉泉山！”

那流泉的清脆声音，响在这山脚上。原来凭着山脚的轮廓，有一条仄仄的小溪，水声便是从溪中发散出来的。溪两旁长着一些草，可是都已经枯萎了。但在结着一层层的薄冰中，还能够看见一道清明的泉水，在那里缓缓地流着。

叶平便又开口说：“如果在春天夏天，只要不结冰的时候，这溪中的水清到见底，底下有一层层的水草平伏着，而且在太阳光中，随着泉水的流动，便可以看见十分美丽的闪着金色辉煌的一层层波浪。并且洋车夫常常喝着这里面的水。”

“不长鱼么？”素裳大意的问。

“不知道。虾子大约总有的。”

“那末，”洵白便想象的说：“一定有人坐在溪边钓虾了。”

叶平想了一想便笑了。素裳接着说：“只有北平才有这种遗民风度。”

于是他们说了一些话又看着野景。汽车便非常之快地驶向一条平坦大路，五分钟之后便停在香山的大门口了。

许多小驴子装饰着红红绿绿的布带，颈项上挂着念珠似的一圈铜铃，显出头长脚小的可笑可怜的模样。这时就有一个穿西装的男人和一个穿旗袍的女人，一对嘻嘻哈哈的打着驴子跑过去了。于是驴夫们便围拢来，争着把那可怜的小畜生牵过去，一面拍着驴子的背一面讲价：

“一块大洋，随您坐多久。”

轿夫们也上前了，抬着空溜溜的只有一张藤椅子的轿。

驴夫抢着说：“骑驴子上山好玩。”

轿夫也嚷着：“坐轿子舒服。”

然而这三个客人却步行地走了。他们走过了这个山门，顺着一道平平地高上去的山路，慢慢地走，走到了缨络岩。这里松柏多极了。并且在松柏围抱之中，现着一块平地，地上有三张石桌和几只鼓形的椅子。各种鸟声非常细碎的响着。许多因泉流而结成的冰筷，高高的吊在大石上。他们在这里逗留了一会，便继续往上走，一路闲谈，一路浏览，一直走到半山亭才休息下来。从这亭子上向下望去，看见满山的树枝都覆着柔白的雪；而且望到远处，那一片，茫茫的，看不清的，似乎并不是城市的街，却象是白浪滔滔的海面了。叶平离开他的游伴，一个人跑到亭子的栏杆上，不动的站着，如同石像的模样，看着而且沉思着什么。素裳和洵白便坐在石阶上，彼此说些山景，雪景，并且慢慢的谈到了一些别的。最后他们谈到小孩子。因此联谈到他的幼年。于是洵白便坦坦白白的告诉她，说他的家庭现在已和他没有关系了，原因是他不能做官，他父亲把他当作不肖的儿子，至于极其盛怒的把他的名字从宗谱上去掉。但是他并不恨他的父亲，他只觉得可怜而且可笑的，因此他父亲常常穷不过时还是向他要钱，他也不得不寄一点钱去。接着他便说他从前是一个布店的徒弟，因为在他十三岁时候，他父亲卖去最后一担田之后，便把他送到一家布店去，为的可以使家里省一口饭。他当时虽然不愿意，然而没有法，终于放下英文初阶，去学打算盘。他在这一家布店里，一直做了三年的学徒，这三年中所

受到的种种磨难，差不多把他整个人生——至少使他倾向于马克思主义是有点关系的。因为在那布店中，老板固然不把他看作一个人，先生们对于他也非常的酷刻，甚至于比他高一级的师兄也时时压迫他做一些不是他份内的事，并且有一天还陷害他，说是一丈二尺爱国布是他偷去的。这一切，当初，他是没有法子去避免，更没有法子去抵抗，因此他都忍耐了。但是，到最后，终使他不顾一切地下了逃走的决心，那是因为有一夜——很冷的一夜，那个比他大十几岁的每月已经赚到五元的先生，忽然跑到他床上来（他的床是扇门板），揪开他的旧棉被，并且——当他猛然惊醒的时候，他忽然发觉一只手摸着他的脸，另一只手悄悄地在解他的裤带，他便立刻——不自禁的，害怕的，喊起来了。于是那个先生才放手，却非常之重的打了他一个耳巴，并且恶狠狠地威吓他，说这一次便宜了他，如果明天晚上他还敢——那他一定不怕死了。这样，他第二天便带着九元钱逃走了。于是他漂泊到上海，在一个医院里当小使。过了一年便到天津去，在一个中学里当书记。又过两年他考进北京大学。那时候他的一个表叔忽然阔起来，把他父亲介绍到督军署当一等科员，因此他父亲认为他以后可以作官的，便接济他的学费，并且把他弄一个省官费送到日本去。最后他带点回忆的悲哀的微笑，沉着声音说："这就是我的小学教育！"

素裳不作声，她在很久以前就默着，沉思着，带着感慨地，同时惭愧地想着她自己的幼年是一个纯粹的黄金时代，因为她的家境很好，她的父母爱着她，使她很平安的受到了完全的教育。她是没有经过磨难的。因此她对于洵白的幼年，觉得非常的同情而且感动了。她长时间都只想着洵白的生活苦和他的可敬的精神。而且，当她看见洵白的眼睛中闪着一种热情的光，她几乎只想一手抱着住他，给他许多友谊的吻。其实，她的手，已不知在什么时候，很自由的和他的手握着了。接着她听见洵白类乎宽慰的向她说："如果我幼年是一个公子哥儿，我现在也许吸上鸦片烟都说不定……”

素裳却不知觉的笑了。但她立刻想到她自己，便低了声音向他说：“但是，我从前是一个小姐……我们是两个阶级的。”

洵白惊诧地看了她一眼，接着便感到愉快地微笑起来，并且空空看着她回答说：“那么，我们的相遇，我希望是算为你的幸运。”

他们的手便紧了一下，放开了。这时叶平还站在栏杆上远眺而且沉思，素裳便大声的叫了他：“怎么，想着诗么？诗人！”

叶平便转过脸，跳了下来，一面说：“哪里！我只想着城市和山中的生活……”

三个人便又踏着积雪的石阶，一直望上走。走到了一个最高的山峰之后，才移步下来，又经过了许多阔人的别墅，便返到山门口，在石狮子前上了汽车。

于是在落日反照的薄暮中，在汽车急驶的回家的路上，那野景，便朦胧起来了。广大的田畴变成一片片迷蒙的淡白的颜色……

叶平还继续着他的对于生活的沉思。素裳和洵白又攀谈起来。谈到了苏俄的时候，她带着失望的说：“我不懂俄文，因此许多书籍我都没有权利看到。”

洵白便对她说：“日本文的译本，差不多把苏俄以及旧俄罗斯的文化全部都翻译过来了。”

“我也不懂日文。”她说了便忽然想起洵白是懂得日文的，便对他说：“你肯教我么？”

“当然肯。不过——”他蹙地眉头停了一会才接着说：“我恐怕在这里不很久。”

这时她忽然又想起他就要和她分别了，在心里立刻便惆怅起来，默了许久，才轻轻的说：“真的就要走么？不能多留几天么？”

洵白看着她，很勉强的笑着。

“好的，”她又接着说：“你教我一天也行，教我两天也行。”

洵白便答应她，并且说学日文很容易，只要努力学一个星期就可以自修了，他一定教她到能够自修之后再走。素裳便几次地伸过手去和他很用力的握了一下。“那末你明天就来教我，”她说，于是她的心完全充满着欢乐，并且这心情使她得到幸福似的，一直到了那个骄傲地横在许多矮房子之中的洋楼。

她非常快乐的跑上楼梯，徐大齐便挽着她走进卧房里，一面说：“西山的雪大不大？”

接着便沉重的吻了她。但是在这一个吻中，在她感觉到硬的髭须刺到她嘴唇上的时候，她忽然——这是从来所没有过的——非常厌烦地觉得不舒服。

“我太倦了！”她摆脱的说。

于是她长久的躺在床上想着。

八

易于刮风的北平的天气，在空中，又充满着野兽哮吼的声音了。天是灰黄的，黯黯的，混沌而且沉滞。所有的尘土，沙粒，以及人的和兽的干粪，都飞了起来，在没有太阳光彩的空间弥漫着。许多纸片，许多枯叶，许多积雪，许多秽坑里的小物件，彼此混合着象各种鸟类模样，飞来飞去，在各家的瓦檐上打圈。那赤裸裸的，至多只挂着一些残叶的树枝，便藤鞭似的飞舞了，又象是鞭着空气中的什么似的，在马路上一切行人都低着头，掩着脸，上身向前屁股向后地弯着腰，困难的走路。拉着人的洋车，虽然车子轮子是转动的，却好象不会前进的样子。一切卖馒头烙饼的布篷子都不见了，只剩那些长方形的木板子和板凳歪倒在地上。并且连一只野狗也没有。汽车喇叭的声音也少极了。似乎这时并不是人类的世界。一切都是狂风的权威和尘灰的武力。

这时素裳一个人站在窗子前，拉着白色的窗帘，从玻璃中望着马路。她很寂寞的望了许久。随后她看见在一家北方式的铺子前，风把它的一块木牌刮下来了，这木牌是金底黑字的，她认出那是白天常常看见过的永盛祥布店的招牌。因此她想起昨天才听见的，那完全出她意外的洵白的布店学徒生活。对于他的这样的幼年，她是同情的，并且觉得可敬。她想象他幼年的模样，在她眼睛便模糊地现出一个穿短衣的小徒弟的影子，她忽然觉得这影子可爱了。接着她又想起他现在的样子，那穿着一身旧洋服，沉静而使人尊敬的样子，却又显得是一个怎样有思想，有智慧，有人格的“康敏尼斯特”，于是她想到他的充满着毅力的精神。他的使人不敢轻视的气概，他的诚恳和自然的态度，以及他的别有见解的言谈，他的声音，……最后她想到他就要离开她，便惘然了。

一阵狂风又挟着许多小沙子打到玻璃窗来，发出可厌的响声，并且一大团灰尘从她的眼前飞过去，接着许多脱光了叶的柳枝便特别飞舞了。她沉重的呼吸一下，玻璃上便蒙蒙的铺上白的蒸气，显得这窗子以外的东西是怎样冻着呵。

她想，“这风又要刮几天了！”便又联想到在这样冻死人的天气里，恐怕连一般穷人——只要有几块窝窝头过日子的穷人，也躲在房子里烧着枯树枝和稻草，烘着暖和的炕吧。如果不是为着要活下去，而不得不到处寻求一点劣等食物的叫化子，谁还愿意在这样冷得透骨，灰尘会塞满肚子的刮风天，大声的叫喊呢？因此她想到在三个月前，她要她丈夫在市政府第九次特别会议席上，提议为贫民的永远计划，开办一个工厂，而她的丈夫当时便反对她，说是与其让以后的工人罢工，倒不如现在组织一个“冬季难民救济所”，因为这名义还可以捐到许多款项，并且过了冬天便可以取消了。她是没有在一切政治上发表意见的资格，她只好默着了。虽然她知道那冬季难民救济所已捐到很不少的钱，但是一直到夜深都还听见叫化子在满街上响着惨厉的叫喊和哭声的。这时她想到昨夜的情景了，那是一个怎样寂寞的夜。听过了清朗的壁钟打了三下之后，她完全不能睡着了，徐大齐的鼾声也不能引起她的瞌睡。她是张着眼看着有点月色的天花板。一切都是静静的，她觉得她的心正和这个夜一样，一点搅扰的声音也没有了。在心里，只淡淡的萦回着逛西山所余剩的兴味，以及一种不分明的情绪使她模糊地想着——那过了夜便要和她见面的洵白的一切。这些想象和这些感觉，她是非常觉得喜悦的，她便愉快地保留着，如同一个诗人保留着一首最美的诗，并且不自觉的带到睡眠中去了，而且是那样睡得甜香的。她一点也不知道刮起风，以及一点也没有想到今天是一个如此可怕的天气。于是——她用一个含愁眼光，看着混沌的天空，几乎出声的向她自己说："这样冷，一定，他不会来了！"

但她忽然听见房门上响着声音，心便一跳，急转过身子，却看见那差不多天天都把朋友们的新闻和消息送到这里来的蔡吟冰女士，一面拿着放光的俄国绒的大氅，一面笑着进来了。

她只好向这个朋友说："刮这么大的风，你还到处跑！"

"值得跑的。"蔡吟冰便一下把身子躺在大椅上，穿着漆皮鞋的脚晃了两道闪光，笑着说："刮风怕什么，我今天是坐人家的汽车……"

素裳便想到她的这个朋友，太天真了，并且太不懂得男人了。她常常都因为一种举动，固然这举动在她的心中是坦白的，毫无用意的，可是别人却得了许多误会去。其实她根本就没有男女之间的心事，一切男人的好的和坏的用意都在她疏忽之中的。就是对于天天把汽车送过来给她坐的任刚，她也和对于其余的男朋友一样，以为是一种普通的友谊罢了。然而在任刚——虽然这一个旅长，曾知道她是已经和别一个人同居了一年多，却也不肯放松的时时都追随着她。她今天又坐他的汽车了。对于她的这行为，素裳曾说过许多意见的。这时又向她说：“那么你今天又和任刚见面了。说了些什么？”

“什么都没有说。”

“不过你要知道，在你是并没有给与他什么东西，在他却好象得了许多新礼物去。一个女人的毫不在意的一举一动，常常在男人心中会记着一辈子的。”

蔡吟冰不回答，只活动着两只仄小的脚，过了一会才重新嘻笑说她带来的新闻，似乎这新闻又使她觉得快活了。

“我说值得跑来的便是这一件事，”她差不多摇着全身说：“你听了就会觉得这一辆汽车并不冤枉坐。”接着她便说她在昨天下午，当夏克英吃着梨子的时候，她忽然发觉到——那个抱着不同居的恋爱主义的沈晓芝，在她的腰间，现着可疑的痕迹。尤其是当她不小心的站起来的时候，那痕迹，更可疑了。她悄悄的看了半天。最后，她决定了。她相信她自己的观察决不会错。她把这发现告诉了夏克英，两个人便同意了。于是她们抓着沈晓芝，硬要她说出实情来，并且告诉她这并不是永远可以隐瞒的事。沈晓芝开头不承认，很坚决而且诅咒说没有这回事情。然而到最后，她们硬要试验她。而且决不肯放松的时候，她扭不过才把实情说出来了。呀，多么可笑！她说的是什么？这个不同居的恋爱主义者！她，虽然她因为害怕生小孩的缘故和她的爱人分居着，却不知在什么时候，悄悄的，悄悄的……于是这一个传达新闻的人便向着素裳问：

“你不觉得么，她的肚皮慢慢的大起来了？”

“我没有注意。”

她的朋友便又吃吃的笑着说：“我劝她马上同居，否则小孩便要出来了。我预备送她一件结婚的礼物。你说小孩子的摇篮好么？”

素裳觉得好笑的回答：“好的！”

于是又说了一些别的新闻，这一天真的朋友便走了，她说她就要买摇篮去，素裳便坐在椅上沉思起来。她对于沈晓芝的新闻得了许多感想。她结果觉得沈晓芝的这回事并不可笑。可笑的只是把这事情认为可笑的那些人。她很奇怪，为什么在粉呀香水呀之中很能够用些心思的女人们，单单在极其切身的恋爱问题却不研究，不批评，不引导，只用一种享乐的嘲笑。随后她认为纵然沈晓芝把小孩子生下来，也不过证明许多方法终不能压制本能的表现罢了，那决不是道德的问题——和任何道德都没有关系的；至少道德的观念是跟着思想而转变，没有一个人的行为能从古至今只加以一个道德的判断。历史永无是陈旧的，新的生活不能把历史为根据，这正如一种新的爱情不能和旧的爱情一样。比喻到爱情，她联想起来了——这也是使她觉得奇怪的：许多新思想的人一碰上恋爱便作出旧道德的事来了。她相信一个人的信仰只应该有一个的，不该有许多，而且许多意念杂在一块决不能成为一种信仰。于是她对于那些人物，那些把新思想只能实行于理论上，甚至于只能写在文章里的人物，从根性上生了怀疑了。可是她相信——极其诚实的相信，理论和行为的一致，在这一点上面表现出新的思想和伟大人格的，只有一个人——一切都没有一点可怀疑的洵白了。想到他，便立刻把眼睛又望到窗外去，那天空，依样是混沌着，可厌而且闷人。

于是她又想，“一定不会来了！”并且长久都坠在这思想里。末了，她忽然觉得这房里的空气冷了起来，一看，那壁炉里的火光已经是快要熄灭的模样，便赶快添了一些煤。不久，从许多小黑块之中飘上了蓝色的火苗，炉火慢慢地燃上来了，房子里又重新充满着暖气。她的身子也逐渐地发热起来。这时她的思想转了方向，带点希望的想着：“也许……那可说不定的！”

可是这一种属于可爱的思想又被打断了，因为徐大齐出她不意的走了进来，一只手拿着貂皮领的黑色大氅，大踏步走到她身边，而且坐下了，慰藉似的问：

“闷么？”左手便放在她肩膀上，接着说：“天气可冷极了。刮风真使人讨厌。还好你们是昨天到西山去，如果是今天，可逛不成了。”

“对了，刮风真讨厌！”她回答。此外便不说什么话。并且从一只大的巴掌上发出来的热，使她身上有点不自在起来。她装着要喝茶的样子跑到茶几边。

“劳驾你，也倒一杯给我。”

“喝不得，”她心中含点恼怒地撒谎说：“这茶是昨天泡的。”

徐大齐又要她坐到这一张长椅上，并且得意洋洋的告诉她，说他刚才和那个南京要人在车站里握别的时候，彼此的手都握得很用力，而且他们私谈了很久，谈得很投洽。因此他认为他以后决可以选上中央委员，至少他有这种机会。他又告诉她，说他对于将来中央委员的选举上，他已经开始准备了。他说他先从北平方面造成基本的势力。这一点，他现在已经有很充分的把握了，因为只有他一个人能调和各派的意见，而各派的人物都推崇他，他极其自信的说着他的政治手腕。他并且说他现在将采取一种政策，一种使各派都同意他而且钦佩他的才能。最后他意气高昂的向她说：“如果，那时候，我们在西湖盖一座别墅，我常常请假和你住在一块。”

素裳笑了，一种反动的感情使她发出这变态的笑声，并且惊诧的瞥了他一眼，那脸上，还浮着“政治家”得意的笑容。她自己觉得苦恼了。

于是到了吃午饭的时候。

在她吃了饭沉思在失望和许多情感之中的时候，她忽然听见一种稳重的脚步，一声声响在楼梯上，她便从椅子上一直跳了起来，跑到楼梯边去。

“哦……”她心跳着，同时在精神上得着一种解放似的，叫了这声音。她的眼睛不动的看着一个灰色的帽边，一个黑色的影子，一个……为她想念了大半天的洵白来到了。她欢喜的向他笑着，并且当着徐大齐，坦然的，大胆的把手伸过去，又紧又用力的握着，握了许久。她完全快乐地站着，看着他和徐大齐说话，一直到瞧见《日语速成自修读本》时候，这才想起了，便赶紧向徐大齐说："我想学日文——从前我不是要你教我么？我现在请施先生给我一点指导。"

"好极了，"徐大齐立刻回答，"日文中有许多有价值的书。可惜我太忙，不能直接教你——"便又向着洵白说："应该谢谢你，因为你代了我的劳……你现在喝一点红酒好么？"

洵白说他不会喝酒。于是谈了几句话，这一个"政治家"便看了一看表，说他有点事，走了。临走时，他非常注意的看了她一眼。

素裳便低声的问："这样大的风，你不怕么？"洵白微笑着，过了半晌才轻轻的，似乎发颤的响了一声："不……不怕。"

九

下午一点钟，吃过午饭之后要吸烟的习惯，徐大齐还没有改，这时一支精致地印着一个皇后的脸的雪茄，便含在他的口里，吐着浓烈的香气，飘着灰白色的烟丝，身子是斜靠在软软的沙发上，受用的想着，似乎在他的心中是盘旋着可操胜利的一种政策，脸对着素裳。

素裳坐在一张摇椅上，正在不动的看着莫泊桑的《人心》，当她看到五十四页上面的时候，听见徐大齐向她说话的声音："裳！可以换衣服了吧？"

她想起了，这是他要她同他去赴一个宴会的，便放下书，回答说："我想我不去了。"

徐大齐便诧异的问："为什么？你身体不舒服么？"

"不为什么，只因我不想去。我这几天太倦了。"

徐大齐用力的吸了一下雪茄烟，想了一想又向她说："如果你可以去，还是换衣服去吧。”接着他告诉她，说这个宴会不是平常的宴会，是一个很重要的，因为在这个宴会上，他一个人将得到许多好处，至少对于他将来的中央委员是有些利益的。他认为这是一个不可失掉的机会。并且他要求她，希望她不要呆在家里。要给他一点帮助，因为这宴会中，有一个先烈夫人，那是须要她去联络的。末了他叹息似的说：“我现在是骑在虎背上，不干下去是不行的。如果那许多拥护我的人能够原谅我，如果那许多反对者都能够不向我做出轻视和羞辱的举动，如果我以后的生活能够永远脱离政治的关系，那末——那末我早就下台了。”接着他又谄媚似的说：“那末，至少我们俩相聚的时间要多到许多了。我们俩现在真离得太多了，不是么？”

她不禁的便笑了起来。她没有想到一个常常以活动能力和运动手段称雄的政治家，却说出如此使人觉得可怜的话。她的眼睛便异样的望着他。他又低着声音说：“为我，换衣服去，好么？”接着又说了好些。

“好的，”她终于回答，因为是被逼不过，在心里便有点恼怒地站起来，一直跑到卧房里，换了衣服，并且写一封信留给洵白，说她希望他今天不会来，如果真来了，那她是怎样觉得懊恼和抱歉，因为她必得伴着徐大齐去赴一个宴会。她把这封信交给一个仆人，并且慎重地吩咐说：“记着。施先生来了，把这封信给他！”

于是她和徐大齐一同走了。

当她在晚上十点钟回到了家里，她知道洵白已把她的信拿走了，但是他不留下一个字，甚至于什么话也没有说。她一个人跑到书房里，躺在大椅上，便心绪复杂的沉思起来。她对于这一个宴会又生起反感了。其实在许多灯光之下，在许多香水和烟气中间，在许多绸衣的闪光里面，在许多幌着人影和充满着笑声的宴会场上，她已经感到厌恶和苦闷，并且好象她自己也成为那些小姐呀太太呀之中的人物了。她承认她实在不能和时髦的女人交际的，尤其她不能听她们说着皇后牌的雪花膏类的话。那些太太们，那些托福于丈夫而俨然可骄傲于侪辈中的女“同志”，那些专心诱惑男人去追求的以为是解放的女子，那些并不懂得而又高谈着妇女问题的新女性，那些……她们所给她的印象确确实实使她这辈子都没有再看见她们的勇气，至少从这些印象中，她深深悔恨到她自己也居然被许多人目为女人的。她觉得如果人间的女人只是象她们这样子，如果她们都是没有一点灵魂的身体——那样专门为男人拥抱而养成的瘦弱身体，实实在在须要一番根本的改造，因为那些女人只是玩物——至少她不能承认是人类中和男人对等的妇女。女人在人类的生活中应该有她们重要的生活意义，并不是对于擦粉的心得和对于生育的承受之外便没有其他责任，一切女人是应该负着社会上的一切义务的。于是……她忽然反省的想到了她自己。她觉得她自己现在的生活是贵族的，而同时也就是一种毫无意义的，逍遥度日的生活。她每日曾做了些什么？寂寞，闲暇，无聊！虽然有许多时候都在看书，而这样的看书，也不过是消极的抵抗，无聊的表现罢了。并且在无聊中看书只是个人主义的消遣，不能算是一种工作。接着她又分析她自己——她觉得她自己的思想，和她现在的生活和所处的地位是完全相反的。难道她的生命就如此地在资产阶级的物质享受中消灭下去么？不能的！她很久以前就对于她的环境——这充满着旧思想的新人物的环境，生起极端的厌恶了。她始终都坚强地认为她不能象无数可怜的妇女一样也牺牲于太太的生活中的。她常常意识着——甚至于希求着在她的生命中应该有一种新的意义。她对于历史上，文学上的，现社会上的，那种种妇女都感到并不能使她生起敬爱的心。在她虽然没有把她自己算为不凡于一切妇女的女人，但她是奢望着这人间——至少在现在——是应该有一个为一切妇女模范的新女性的典型。为什么呢？这是一个独立于空间的特殊时代！因此她放

弃了对于文学的倾心，开始看许多唯物思想的书籍；当她看到普哈宁的《社会主义入门》时候，她对于这思想便有了相当的敬意和信仰了。所以她对于她自己的完全资产阶级的享乐——甚至于闲暇——的生活越生起反感，她差不多时时都对于这座大洋楼以及阔气的装饰感到厌恶的。而且徐大齐的政客生活，也使她逐渐地对于他失去了从前的爱意。她只想跳出她的周围而投身到另一个与她相宜的新的境地。那是怎样的世界？她是觉悟的——那是，如果她的生命开始活跃，她一定要趋向唯物主义的路，而且实际的工作，做一个最彻底的“康敏尼斯特”，这才能够使她的生存中有了意义呵。她对于她自己的人生是如此肯定了的！所以当她看见了洵白，她立刻受了袭击似的，仿佛她的新使命要使她开始工作了。的确，她看见他，是她的一件重要事情，她认为他是暗示她去发现她的真理的一个使者。但……同时他的一切又使她心动着。

她又经过了以上的许多感想也是为他的——因了宴会，她失了一个见他的机会，虽然他明天将继续着来，但这一项究竟是一个损失。所以在她的沉思里，她越对于那些政客或志士呀太太呀等等生着反感，一面便感觉得和洵白亲近了。她是很需要他来的，需要他站在她面前，需要他和她谈话，需要他给她力量，至于他的一切都是她所需要的，而且这一切又都成为她的希望了，她终于又叹息似的想着：“他明天下午四点钟才来，明天下午四点钟！”

这时她的脸上发着烧，嘴唇焦着，口有点渴。她觉得她自己太兴奋了。她便拿了一本《马克思的经济学说》，一面看着一面想平静那些感想。

她听见了好几次徐大齐在门外喊她：“睡去吧，不早呢！”

最后徐大齐走进来，说是夜深时看书很伤眼睛，便强着挽起她，走进睡房去。

这一夜她好象没有睡着。

然而徐大齐却被她惊醒了，他的手臂被她用力的抓着，并且听见她说着梦话，可是他只听清了一句：“……吻……我……”

一〇

风已经慢慢地平息下去，可是太阳并不放出灿烂的光，却落着大雪了。那白的，白百合似的，一朵朵地落着的雪花，在被风刮净的空中飘着，纷纷的，又把那树枝，墙顶，瓦上，重新铺上了一层白，一层如同是白色的绒毡似的。这雪景，尤其在刮风之后，会使人不意地得着一种警觉的。

素裳便因了这雪景才醒了起来。那一片白茫茫的光，掩映到她的床前，在淡黄色的粉壁上现着一团水影似的色彩，这使她在朦胧的状态中，诧异地，用力的睁开了还在惺忪的睡眼，并且一知道是落雪的天气，立刻便下床了。

从混沌的，充满着灰尘的刮风天变成了静悄悄的，柔软的，满空中都缤纷着洁白的雪，似乎这宇宙是另一个宇宙了，一切都是和平的。

她拉着窗帘望着这样的天空，心里便感想着：“风的力量是可惊的，使人兴奋的。雪花给人的刺激只是美感而已！”接着她想到落雪之后的刮风，而刮风之后又落着大雪，这天气，恐怕更冷了。一切都冻得紧紧的。哪怕是顽皮的鸟，也应该抖着翅膀不能歌唱了。马路上的行人也许比刮风时候多，但他们的鼻子却冻得越红了。没有一块土不冻得坚硬的。善于喝白干的京兆人不是更要喝而且剥着花生米了么？那些遗老和风雅之流大约又吟诗或者联句了——这时想好七绝而等待着落雪时候的人还不少呢。清道夫却累了。骆驼的队伍一定更多了，它们是专门为人们的御寒才走进城市里来的，那山峰一样的背上负着沉重的煤块。那些……最后她又想到洵白了。

她觉得这落雪的天气真太冷了，冷得使她不希望洵白从东城跑到西城来，因为他的大氅是又旧又薄，一身的衣料都是哔叽的，完全是只宜于在南方过冬的服装。

“但是，”她想，“他一定会来的，他决不因为落雪……”在她的想象中，便好象一个影子现在到了她的眼前，一个在大雪中快步走着的影子。她便又担心又愉快的笑着。她的眼光亲切地看到那一本《日语速成自修读本》和那一本练习簿。这簿子上，写着日文字母和符号，以及洵白微笑地写着字。

于是她坐在椅子上，拿着这一本练习簿看着，如同看着使她受到刺激的思想和艺术品一样，完全入神的看，看了许久之后才低声的念起拼音。

在她正想着这些字母和拼音不必再练习的时候，徐大齐穿着洗澡衣走进来了，第一句便向她道歉似的说：“昨天你一定太累了，我也没有想到那宴会会延长那样久的时间。”说了便舒服地躺在沙发上，现着不就走的样子，并且继续说：

“也许你因为太累了，所以——这是你从没有过的——在半夜里说着梦话，并且——”他指着他左边的手臂上——“这里还被你抓得有点痛……”

这出她意外的消息，立刻使她惊疑着了。她是完全不知道她曾说了什么梦话的，而且这梦话还为他所听见。但她一知道徐大齐并没有得到一点秘密去，她的心里便暗暗的欢喜着，至于笑着说：“其实我没有做梦。”

“对了，”徐大齐证明的说，“这到不限定是因为梦的缘故。常常因为太疲倦了，便会说起梦话的。”

她也就含含糊糊的同意说：“对了。”

其实她已经细细地揣想着她的梦话去了。她整个的思想只充满了这一种揣想。她知道她并没有做过什么梦。可是梦话呢？这自然有它的根据。她觉得梦话是一种心的秘密的显露，是许多意象从潜在意识中的表现，那么那所说的梦话是怎样的语言呢？照她这近来的思想和心理，那梦话，只是各种对于洵白的怀念，这反映，是毫无疑义的，证明了一种她对于他的倾向。虽然她并没有揣想出她究竟说了怎样的梦话，但她从理性上分析的结果，似乎已不必否认她已经开始了新的爱情，在她的情感中便流荡着欢喜而同时又带点害怕了，因为她不知道那个“康敏尼斯特”是不是也把恋爱认为人生许多意义中的另一种意义。这时，既然她自己承认了这一种变动，接着她便反复去搜寻她和徐大齐之间的存在，在结果，她觉得他在三年前种在她心中的爱情之火，不知在什么时候已经熄灭了，她和他应该从两性的共同生活上解除关系，而现在还同居着，这是毫无意义而且是极其不能够的。于是她认为应该就把她的这种在最近才发觉的事体公布出去，无论先告诉徐大齐，或者先告诉洵白。

但这时她已经很倦了，这也许是因为昨夜睡得不安宁和今天起得太早的缘故，所以她连打了两个呵欠，伸了腰，眼泪水挤到眼角来了。她看看徐大齐，他是闭着眼睛，似乎在舒服中已经朦胧的样子，她便又站到窗前去。雪花仍然缤纷的落着。地上和瓦上都没有一点空隙了。马路上的行人被四周的雪花遮蔽着，隐约地现出一个活动的影子，却不象是一个走路的人。不见有一只鸟儿在空中飞翔着。真的，雪花把一切都淹没了。

“雪虽然柔软，可是大起来，却也有它的力量。”她一面想着，一面就觉得她的心空荡起来。这是奇怪的！她从没有象这样的感到渺茫过。尤其在她信仰唯物主义以后，她对于一切的观念都是乐观的，有为的，差不多她全部的哲学便是一种积极的信念。她是极端鄙视那意志的动摇，和一种懦弱的情感使精神趋向颓废的。可是她这时却感到有点哀伤的情绪了，这感觉，是由于她想到她自己以后的生活，并且是由于她不知道而且无从揣想她以后是怎样的生活而起的。虽然她很早就对现在的生活生着反感，至于觉得必须去开始一个新的生活，但这样的新生活究竟是怎样的呢？未必爱了洵白甚至于和他同居便算新的生活么？她很清白的认为她所奢望的新生活并不是这样的狭义。她的新生活是应该包含着更大意义的范围。那她毫无疑义的，唯一的，便是实践她的思想而去实际的工作了。然而她对于这实际的工作没有一点经验，并且也没有人指导她，难道她只能去做一些拿着粉笔到处在墙上写着“打倒帝国主义”的工作么？她的思想——至少她的志愿要她做一些与社会有较大的意义的工作。她已经把这种工作肯定了她此后的一生的。她现在是向着这工作而起首彷徨了，同时她热望着一个从这种彷徨中把她救援出来，使她走向那路上去的人。

最后她忽然遗忘似的想起了。

“呀，洵白是可以的！他是——”一想起来，她的意志便立刻坚强起来，似乎她的精神，她的生命，又重新有了发展的地方，她的刚刚带点哀伤的心又充满着一团跳跃的欢喜了。于是她忘了落雪天气的冷，只一意地希望着他来了。她望着街上，那里只有一辆洋车，可是这车子似乎是拉进雪的深处去的。她转过脸一看，炉火是兴旺的，红的火焰正在飞腾着，在这暖气中徐大齐已响出一点鼾声了。

她看到那本日文读本，便想：“六个月，无论如何，我非把日文学好，非能看社会科学的书不可。”

她又坐到椅子上，又默想了一遍拼音，一面在想他：“他下午四点钟才得来的！”

然而当壁钟清亮的响了十下之后，大约还不到十点十分的时候，一个人影子忽然到房门边，使她猛然吃了一惊。

“哦……”她欢喜的叫，站了起来，和洵白握着手。“我怎么没有听见你的脚步声音？”

徐大齐被她的声浪扰醒了，擦一下眼睛，便翻身起来，也伸手和洵白的手握了一下，看着他的身上说："好大的雪……"

的确，在洵白的呢帽上和大氅上，还积留着一层厚的雪花，虽然有一部分正因了这房里的暖气而溶化着。他一面抖着帽子一面随便的说："对了，今天的雪下得不小。"

素裳便要他坐到火炉边去，因为当她和他握手的时候，她简直感到他的全身都要冻坏了。

徐大齐又接下说："北方只有雪是顶美的了。如同变幻不测的云是南方的特色。"

洵白也只好说："是的。徐先生喜欢雪呢，还是南方的云？"

"各有各的好处。我差不多都喜欢。只有灰尘才使人讨厌的。"

"不，"素裳故意地搭讪说："我觉得灰尘也有它的好处。"因为她不欢喜徐大齐的多谈，她只想和洵白单独在一块的。

徐大齐却做出诧异的样子问："为什么？"

"不为什么。"

"总有一点缘故。"

"没有。"

徐大齐便笑了起来，他觉得她好象生了气，成心和他捣乱似的。他又接着和洵白谈话下去了。他又轻轻地找上了一个问题，问："施先生在北平还有些时候吧？"

洵白烤着火回答："不久就要走了。"

"又回到上海去么？"

"预备到欧洲去。"

徐大齐又得了谈话的机会似的接下问："到英国？到美国？……"

"想是到美国。"

"很好，"徐大齐称赞似的说："可以看一看美国的拜金主义。"

接着他从这拜金主义说到美国的社会生活，美国的经济状况，美国的外交政策，美国的国际地位，美国和中国的种种关系，似乎他是一个研究美国的各种学者。洵白呢，他对于这一个雄谈的政治家的言论是听得太多了，他怀疑他是有意把那谈话做为空闲的消遣，否则他不能如此地说了又说，象一条缺口的河流，不息的流着水。最后从第九旅旅部来了电话，这才把徐大齐的谈话打断了，但他站起来却又保留了这个权利：“好的，回头再谈吧。”

素裳便立刻大声的说：“我马上就要学日文呢。”

徐大齐走去之后她便问：“你喜欢和他谈话么？”

“谈谈也很好的，”洵白回答说，并且站起来，离开了壁炉前。“从他的谈话中，可以更知道一些现政治的情形，”接着便微笑的问：“你呢，把拼音学会了没有？”

“教得太少了。”她说：“并且昨天缺了课，我自己非常不愿意。”

徐大齐又进来了，在手指间挟着一支雪茄烟。素裳便赶紧拿了日文读本，做出就要上课的模样。

“我不扰你。”他接着又向洵白说：“就在这里吃午饭，不要客气。”一面吸着烟，吐着烟丝，走到他的换衣室去了。

这一个书房里，便只剩下两个人了。他们就又非常愉快地谈了起来。一直谈到一点多钟之后，素裳才翻开日文读书，听着洵白教她一些短句。

并且在这一天下午，因为徐大齐和那个任刚旅长出去了，素裳便留住洵白，两个人又同时坐在壁炉前，不间断地说着话。

当洵白回到西城去的时候，在纷纷的雪花中，天色已经薄暮了。马路上没有一个行人，也没有一辆洋车，只是静悄悄的现着一片白茫茫的。在一个黑的影子从这雪地上慢慢地隐没之后，素裳还倚着向街的窗台上，沉思着：“冷啊！”

最后她觉到壁炉中的火要熄去了，便去添了煤，在心里却不住的想："我应该把这些情形告诉他……"

一一

雪已经停止了。天气是一个清明的天气。太阳光灿烂地晒到素裳的身上，使她生了春天似的温柔的感觉，似乎连炉火也不必生了。

她坐在她的写字台前，拿着日文读本，练习了几遍之后便丢开了。她不自然的又回想着她昨夜里所做的梦。这个梦已经无须分析了，那是极其显明的，她不能不承认是因为她怀念着洵白的缘故。虽然开始做梦的时间，和洵白回到西城的时候距离并不很远，但是她的怀念是超过这时间的。在洵白的影子刚刚从雪地上远了去，不见了，她便觉得彼此之间的隔绝是很久了，以致她一上床，一睡着，便看见了他，并且在他的两个眸子中闪着她的影子，还把一只手握着她，最后是猛然把她抱着，似乎她的灵魂就在那有力的臂膊中跳跃着而至于溶化了。

在她正沉思于这个梦的浓烈和心动的所在，她忽然听见楼梯上响起又快又重，纷飞的脚步，以及一些尖利的笑声。接着她的房门被推开了，她先看见了夏克英，其次是蔡吟冰，最末了是沈晓芝。这三个朋友的手上都提着一双溜冰鞋，差不多脸上也都现着溜冰的喜色。夏克英跑上去一下就抱着她的肩膀，嘻嘻哈哈的说："你看，"她指着沈晓芝的肚子，"有点不同没有？"

素裳已经看见了她所忽略的那肚子，至少是怀妊三个月的模样。她便向晓芝笑着说："怎么样？不听我的话？我不是对你说过，本能的要求终久要达到满足的，你不信。现在你看——到底还同居不同居？"

夏克英和蔡吟冰又重新笑起来了。

沈晓芝便装做坦然的说："算是我的失败……不过我还是不想同居。"

“以后呢？”蔡吟冰开玩笑的说：“未必每次吃药？”

“生小孩子，生就是的。”沈晓芝忽然变成勇敢了。接着夏克英便告诉素裳，说今天北海开化装溜冰大会，她们特来邀她去，并且马上就走。

“你的溜冰鞋呢？”蔡吟冰焦急的说，把眼睛到处去望。

素裳不想去，并且她不愿意溜冰，她所需要的只是一种安静，在这安静中沉思着她的一切。所以她回答：“你们去好了。”

“为什么你不去？”夏克英诧异的问。

“我要学日文。”

“你从什么时候学起？”沈晓芝也接着惊讶了。

“才学两天，”蔡吟冰便得意的叫了起来：“呵，这不是一个重要理由！”

这三个朋友便又同力的邀她，说，如果她不去，她们也不想去了，并且因年纪小些的缘故，还放懒似的把一件大氅硬披到她身上，沈晓芝又将手套给她。蔡吟冰便跑去告诉汽车夫预备开车，这辆汽车又是追随着她的那个任刚旅长送过来的。素裳被迫不过的说：“好的，陪你们去，小孩子！不过我到三点钟非回来不可的。”

于是她和她们到了北海。

北海的门前已扎着一个彩牌了。数不清的汽车，马车，洋车，挤满了三座门的马路上。一进门，那一片白的，亮晶晶的雪景，真美得使人眩目了。太阳从雪上闪出一点点的，细小的银色的闪光，好象这大地上的一切都装饰着小星点。许多鸟儿高鸣着，各种清脆的声音流荡在澄清的空间。天是蓝到透顶了，似乎没有一种颜色能比它更蓝的。从这些红色屋檐边，积雪的柳枝上，滴下来的雪水的细点，如同珍珠似的在阳光中炫耀着。白色大理石的桥栏上挂着一些红色的灯，在微风中飘摇着。满地上都印着宽底皮鞋和高底皮鞋的脚印。每一个游人的鞋底上都带着一些雪。有一个小孩子天真地把他的脸在雪地上印了一个模型。在假山上，几个小姑娘摊着雪游戏。一切大大小小的游人都现着高兴的脸。这雪景把公园变成热闹了。

素裳和她的朋友们走到漪澜堂，这里的游人更显得拥挤不开了，几乎一眼看过去都只见帽子的。围着石栏边的茶桌已没有一个空位了。大家在看着别人溜冰。那一片空阔的，在夏天开满着荷花的池子上，平平的结着冰，冰上面插着各样各式的小旗子，许多男人和女人就在这红红绿绿的周围中跑着，做出各种溜冰的姿态。其中一个女人跌了一脚的时候，掌声和笑声便哄然了。

“我们下去吧，”夏克英说。

“好的，”沈晓芝和蔡吟冰同意了。

素裳便一个人站在一个石阶上。她看着夏克英虽然还不如沈晓芝懂得溜冰，但是她的胆子最大，她不怕跌死的拼命的溜，溜得又快，又常常突然地打了回旋。沈晓芝却慢慢的溜，把两只长手臂前后分开着，很美地做出象一只蝶蝶的姿态。蔡吟冰是刚学的，她穿着溜冰鞋还不很自由，似乎在光溜溜的冰上有点害怕，常常溜了几步便又坐到椅子上，所以当一个男人故意急骤地从她身边一脚溜过去，便把她吓了一跳而几乎跌倒了，夏克英便远远的向她作一个嘲笑的样子。

在这个溜冰场中，自从夏克英参加以后，空气便变样了，一切在休息的男人又开始跑着，而且只追随着她一人，似乎她一人领导着这许多溜冰群众。在她得意地拌倒了一个男人，笑声和掌声便响了许久。最后她休息了，于是这活动着人体的溜冰场上便立刻现出寂寞来，因为许多男人也都擦着汗坐到椅子上了。

素裳看着她得意的笑脸，说：“你真风头……”

“玩一玩罢了，至多只是我自己快活。”

这时沈晓芝扶着蔡吟冰又跑去，她们用一条花手巾向素裳告别似的飘着。隔了一会夏克英也站起来跑去了。这一次在她又有意地伴倒了两个男人之后，其中的一个在手肘上流出了一些血，这才满足地穿上那高跟黑皮鞋，跑上石阶来。素裳便说：“这里人太多，我们到五龙亭去，走一会我就要回去了。”

当她们走出漪澜堂，转了一个弯，正要穿过濠濮的时候，夏克英便指着手大声的叫：“叶平！”

在许多树丛中，叶平已看到她们了，正微笑着走向这边来。于是在素裳眼中，她忽然看见了一个出她意外的，而使她感到无限欣悦的影子，在叶平身旁观着洵白。叶平走近来便说：“你们也来溜冰么？”

“你呢？”沈晓芝问。

“我来看你们溜。”

“我们不是溜给你们看的。”夏克英立刻回答。

叶平便接着问她：“你是化装之后才溜是不是？你装一个西班牙牧人么？”

“我装你。”

“我不值得装。”接着又问沈晓芝：“你呢，你预备装什么呢，装一个三民主义的女同志？”

“怎么，你今天老喜欢开玩笑？”沈晓芝说。

蔡吟冰便告诉他，说：“我们已经溜过了。”

在叶平和她们谈话之中，素裳便握着洵白的手说了许多话，然后她向她们介绍说：“施洵白先生！”说着时，好象这几个字很给她感动似的。

于是这些人便一路走了。

当看见那五个亭子时候，素裳便提议说：“我们分开走好了，一点钟之后在第三个亭子上相会。”

夏克英便首先赞成，因为她单独的走，她至少可以玩一玩男人的。

然而各自分开之后，素裳便走上一个满着积雪的山坡去，在那里，她和洵白见面了。似乎他是有意等着她的。这时她的心感到一种波动的喜悦。她好象在长久的郁闷中吸着流畅的空气。她的手又和他的手相握着，她几乎只想这握手永远都不要放开，永远让她知道他的手心的热。但这握手终于不知为什么而分开了。于是她望着他，她看见他微笑着，看着远处，好象他的眼光有意躲避她的眼光似的。她想到他在暮色中彳亍地走回去的影子，便问："昨天雇到车么？"

洵白摇了头说："没有。"

"一直走回去？"

"对了。在雪地上走路很有趣味。"

她便接着说："还可以使人暖和，是不是？有时在脚步中还可以想到一些事情？"

洵白便看了她一眼，笑着问："你以为在雪地上最宜于想起什么事情？"

"爱情吧。"

"在刮风时候呢？"

"想着最苦恼的事。"

"那末你喜欢下雪——普通人对于刮风都感到讨厌的。"

"不，都一样；如果人的心境是一样的。"

这时从山坡下走上了几个大学生，大家用异样的眼光看着他们两个，便知趣的走到别处去了，她和他又谈了起来。她差不多把她近来的生活情形完全告诉给他了。又问了他这几天来曾生了什么感想。他回答的是：

"我想我就要离开北平了。"

这句话在另一面的意思上使她有点感到不满了。她觉得他好象都不关心她。她认为如果他曾观察到——至少感觉到她的言语和举动上，那么他一定会看出——至少是猜出她的心是怎样的倾向。未必她近来的一切，他一一都忽略过去么？但她又自信地承认他并不这样的冷淡。无论如何，在他的种种上，至少在他的眼睛和微笑中，他曾给了她好些——好些说不出的意义。想到他每次回到西城去都带点留恋的样子，她感到幸福似的便向他问：“什么时候离开呢？明天么，或者后天？”

“说不定，”洵白低了头说。

“未必连自己的行期都不知道？”接着她又故意的问：“有什么事情还没有办妥么？”

洵白忽然笑了起来，看着她，眼光充满着喜悦的。

“有点事情。”他回答说：“不过这一种事情还不知怎样。”

“什么事情呢？可不可对人说？”

“当然可以。”

“对我说呢？”

洵白又望着她，眼睛不动的望，望了许久，又把头微微低下了。他的脚便下意识地在积雪上轻轻地扫着。

素裳也沉思了。她的脸已经发烧起来。她的心动摇着。并且，她幻觉着她的灵魂闪着光，如同十五夜的明月一样。她经过几次情感的大波动之后便开口了，似乎是一切热情组成了这样发颤的声音：“洵……白……！”

洵白很艰难似的转过脸，看了她一眼又低下头，现着压制着情感的样子。

“或者在你的眼中已经看出来，我近来的生活……”

这时在她的耳朵忽然响起了她意外的声音：“呀……你们在这里！”夏克英一面喊着一面跑上来。沈晓芝也跟着走上来说：“怎么，你说一点钟之后到第三个亭子去相会，你自己倒忘记了？现在已经快到四点了。”

蔡吟冰也夹着说：“躲在这里，害我们找得好苦！”

叶平也走到了，他说他急着回去编讲义，并且问洵白：“你呢，你回去不回去？你的朋友不是要我来找你么？”

洵白踌躇了一会回答说：“就回去。”同时他看了素裳一眼，很重的一眼，似乎从这眼光中给了她一些什么。素裳默着不作声，她好象非常疲倦的样子，和她们一路走出去了。走到大门口，各人要分别的时候，她难过的握了洵白的手，并且低声向他说：“早点来。”

她忽然觉得她的心是曾经一次爆裂了。

一二

化装溜冰大会开始了。

月光皎洁地平铺着。冰上映着鳞片的光。红红绿绿的灯在夜风中飘荡。许多奇形怪状的影子纷飞着，幌来幌去，长长短短的射在月光中，射在放光的冰上面。游人是多极了，多到几乎是人挨人。大家都伸直颈项，昂着头，向着冰场上。溜冰的人正在勇敢地跑着。没有一个溜冰者不做出特别的姿态。许多女人都化装做男人了：有的化装做一个将军，有的化装做一个乞丐，有的又化装做一个英国的绅士。男人呢，却又女性化了：有的化装做一个老太婆，有的化装做一个舞女，有的化装做一个法国式的时髦女士，有的化装做旧式的中年太太。还有许多人对于别种动物和植物也感到趣味的，所以有纸糊的一株柳树，一个老虎，一只鸽子，一匹牝鹿，也混合在人们中飞跑着。

这时在一层层的游人中，洵白也夹在里面。他是吃过晚饭便来到北海的，但至今还没有遇见素裳。他希望从人群中会看见到她，但一切女人都不是她的模样。他以为她也许溜冰去了，但所有化装的样子，又使他觉得都不是素裳，因为他认为素裳的化装一定是不凡的，至少要带点艺术的或美术的意味，而这些冰场上的化装者都是鄙俗的。

他曾想她或者不在这热闹的地方，但他走到别处去，却除了一片静寂之外，连一个人影也没有。终于他又跑到这人群里面来，是希望着在溜冰会场停止之后，会看见到她的。所以他一直忍耐着喝彩和掌声，以及那完全为浅薄的娱乐而现着得意的那许多脸。

然而溜冰大会却不即散。并且越溜越有劲了。那化装的男男女女，有一种遮掩了真面目的情景中，便渐渐地浪漫起来，至于成心放荡地抱着吻着，好象藉这一个机会来达到彼此倾向肉感的嗜好。这疯狂，却引起了更宏大的掌声和喝采了，而这些也由于肉感的声音，却增加了局中人的趣味，于是更加有劲起来，大家乱跑着，好象永远不停止的样子。

对于如此的溜冰，洵白本来是无须乎看的，何况这游戏，还只属于少数人的浪漫和快乐，这使他有了强烈的反感而觉得厌恶的。所以他慢慢的便心焦起来。

这一直到了十二点多钟，洵白觉得在这人群中，实在不能再忍耐下去了，便挤了出来，这时候他忽然看见徐大齐和他的许多朋友，高高地坐在漪澜堂最好的楼沿上，在灿烂的灯光中谈笑着。他没有看见到素裳。于是他疑心了，想着素裳也许没有来，本来她并没有告诉他说她会来的，他来这里只是他自己的想念和希望罢了。他便决定她是在家里的。接着他便为她感想起来了，他觉得她这时一个人在那座大洋楼上该是怎样的寂寞，而且，她该是怎样的在怀念他。他只想去——因为他自己也需要和她见面和谈话的，但一想，觉得时候太晚了，便怅惘着走回西城去。

在路上，他的情绪是复杂的，想着——他的工作和他最近所发生的事，最后他认为爱情有帮助他工作的可能，他觉得幸福了。回到了大明公寓，叶平还在低着头极其辛苦地编他的讲义，在一字都不许其苟且的写着，显得这是一个好教授。他看见洵白便惊奇的问：“怎么，到什么地方去？”

淘白想了一想才回答：“到北海去。”接着便问他：“你怎么还不睡？”

“快了，这几个字写完就完了。”便又动着笔。

淘白从桌头上拿了一本哈代诗集，坐在火炉旁，翻着，却并不看，他的心里只想念着素裳，并且盘旋着这个几个音波：“或者……我近来的生活……”

编完了“最近的英国诗坛”这一节讲义之后，叶平便打了一个呵欠，同时向他说：“别看了，睡去吧。”

“你先睡。”

“火也快灭了。”

于是叶平便先上床去了。当他第二天起来时候，淘白还没有睡醒，火炉中还燃着很红的火，显见他的朋友昨夜是很晚才睡去的，并且在火炉旁边，散着一些扯碎的纸条子，其中有一小条现着这几个字：“我是一个沉静的人，但是因为你，我的理智完全——”

叶平便猛然惊讶地觉得淘白有一个爱情的秘密了。

一三

徐大齐嘘着雪茄烟的烟丝，一面叙述而且描写着化装溜冰的情景，并且对于素裳的不参加——甚至于连看也不去看，深深地觉得是一个遗憾，因为他认为如果她昨夜是化装溜冰者的一个，今天的各报上将发现了赞扬她而同时于他有光荣的文字。他知道那些记者是时时刻刻都在等待着和设想着去投他的嗜好的，至少他们对于素裳的化装溜冰比得了中央第几次会议的专电还要重要！所以他这时带点可惜的意思说：“只要你愿意，我就用我的名义再组织一个化装溜冰大会，恐怕比这一次更要热闹呢。那时我装一个拿破仑；你可装一个英国的公主……”

素裳在沉思里便忽然回答他："说一点别的好了。"

徐大齐皱一下眉，心里暗暗的奇怪——为什么她今天忽然变成这样性躁？却又说："你不喜欢就算了。其实你从前对于溜冰很感到兴味的。"

素裳横了他一眼便问："未必对于一种游戏非始终觉得有兴味不可么？"

"我不是这种意思，"徐大齐觉得她的话有点可气的回答说："如果你现在不喜欢溜冰，自然我也不希望，并且我也没有和你溜冰的需要……"

素裳便只想立刻告诉他："我早已不爱你了！"但她没有说，这因为她正在沉思着一个幻景，一个可能的——或者不久就要实现的事实，她不愿和徐大齐口角而扰乱了这些想象，所以她默着。

徐大齐也不说话了，他觉得无须乎和她辩白，并且他还关心于清室的档案，其中有一张经过雍正皇帝御笔圈点的历代状元的名册，据说这就是全世界万世不朽的古董。所以他很自在的斜躺着，时时嘘着烟丝，而且看着这烟丝慢慢的在空间袅着，又慢慢地飘散了。

素裳也不去管他，似乎这房子中并没有他这样一个人似的。她只沉思着她所愿望的种种了。她并且又非常分明地看见了北海的雪景，她和洵白站在那积雪的山坡上，许多鸟儿都围绕她高鸣着，好象唱着一些恋爱的歌曲。接着她的心便经过那种波浪，而且，这回想中的情感，仿佛要使她觉得感到的。她时时都记着"早点来！"这一句，她觉得这三个字使她的生活又添上一些意义了。随后她接连的想："他快来了，他总会来的！"

最后他果然来了，单单脚步声就使她心动着。

徐大齐便站起来和他照例握了手，说："昨天你没有来，到北海看化装溜冰去么？"

“没有去，”洵白回答说，一面拿下帽子来和素裳点了头。

徐大齐又问：“叶平呢？他这几天老不来……有什么事？”

“课很忙。”

素裳便不能忍耐的走过来握了他的手，脸上充满着情感激动的表情，笑着说：“你为什么不去看化装溜冰？”

洵白惊讶的望了她，反问：“你呢，你们去看么？”

“我没有去。”素裳带点嘲讽的说：“我尤其不喜欢看那些把怪样子供男人娱乐的女人！”

徐大齐便又向洵白说起话来了。

“你呢，你对于溜冰感到兴味么？”他又重新燃了一支雪茄烟。

“我不懂得溜，”洵白又勉强的回答说：“大约会溜的人是有兴味的。”

“看别人溜呢？”

“也许只是好玩——”

“我倒很赞成溜冰，”徐大齐吐了烟丝说：“因为在冬天，这是一种北方特有的游戏，同时也是一种天然的，很好的运动。”

素裳便有意反对说：“我倒觉得这种运动很麻烦：又得买一双溜冰鞋，又得人溜冰会，又得到北海去，又得走许多路，又得买门票。所以，没有钱的人恐怕溜不成。”

徐大齐便带着更正的口吻说：“生活不平等，自然游戏也不能一律。”

洵白便不表示意见的微笑着。素裳也不再说，因为她愿意这无谓的闲谈早点停止，而她是极其需要就和洵白在一块说话的。

可是徐大齐又找着洵白说下去了。

“你平常喜欢那种运动？打弹子喜欢么？”

“打弹子恐怕只能算是娱乐。”

“也可以这样解释，”徐大齐又接着辩护的说：“不过打弹子的确也是一种运动，一种很文明的运动，正如丢沙袋是一种野蛮的运动一样。”

洵白也不想再说什么，他的心是只悬念着素裳的。

然而这一个称为雄谈的政治家却发了谈兴了，似乎他今天非一直谈到夜深不可，所以他接着又问了许多，而且把谈锋一转到政治上，他的意见越多了。他差不多独白似的发着他的议论：

“武力虽然是一个前锋，但是在结果的胜利上，则不能不借重于政治上的手腕，和对于外交上的政策。中国每次的战争，在表面上，虽然是炮火打败了敌方，但在内幕中，都不能脱离第三或第四方面的联络，权利上的互惠，利害上的权衡，以及名位和金钱的种种作用，总之是完全属于非武力的能力。所以，单靠雄厚的武力而没有政治上的手腕和外交上的政策，结果是失败的。从前奉军的失败就是一个例证。”接着他还要继续说下去的时候，素裳便打断他的话，问：

“你今天不是还要出去么？”

徐大齐想了一想便说：“不出去了。”

“我还要学日文呢。”

“好的，我在这里旁观。”

这一句答话真给了素裳不少的厌恶，但是她没有使他离开这一间书房的另一理由，因为她不愿明显地向他说，“我不能让你旁观，”所以她的心里是满着苦恼而且愤怒的。于是她默着，想了一会，便决计让他再高谈阔论下去了。当洵白要走的时候，她拿了那本《苏俄的无产阶级文学》给他，并且含意的说：“这本书给你看一看。”

洵白便告别了。他走出了这一座大洋楼的门口，一到马路上便急不过地，带点恐慌地翻开书，他看见一小块纸角，上面写着：“下午两点钟在北海等我！”

一四

北海大门口的彩牌，还在充足的阳光中现着红红绿绿的颜色，那许多打着牡丹花的带子，随风飘着。汽车，马车，洋车，少极了，这景象，就使人想到今天的北海公园已不是开溜冰大会的热闹，是已经恢复了原来以静寂为特色的公园了。进去的游人是寥寥的，出来的游人也不见多，收门票的警察便怠惰了，弯着腰和同伙们说着过去的热闹。单单在这大门口上便显出这公园的整个寂寞来了。

洵白的心境正和这公园一样。他来到这公园的门口，是一点钟以前的事，却依然不见他所想见的人。他最初是抱着热腾腾的希望来的，随后从这希望中便焦心了。刚刚焦心的时候还有点忍耐，不久便急躁起来，至于使他感觉到每一分钟差不多都成为一个很长久的世纪了，接着他又生了疑虑——这心情，似乎还带着一些苦恼，因为他想不出她还不来的缘故。他看着表：那是一分钟一分钟的过去了，这时已经是两点半钟。他常常都觉得一盆烈火就要从他的心坎里爆发出来的。他一趟又一趟地在石桥边走着，隔了许久才看见来了一两个游人。于是他的希望便渐渐的冷了下去，他在徘徊中感到寂寞了。

在他带点无聊的感觉而想着回去，同时又被另一种情形挽留的时候，他忽然听见一种声音："洵白！"

他抬起头一看，这一个站在他身旁叫他的人，使他吃了一惊，同时他的心便紧张着而且开放着，仿佛象一朵花似的怒发了。他想了半晌才说："我等了你半天……"素裳现着异常喜欢的，却又不自然的微笑，和他握了手，才回答："我倒愿意我先来等你。"

说着两个人便一同进去了。

"我们到白塔去，"素裳一面走着一面说，"那里人少些。"

"好的。"接着洵白便告诉她，说他昨夜又到这里，因为他揣想她一定来玩，谁知他完全想错了。他又对她说："我昨夜还写了一封信给你。”

“信呢？”素裳一半欢喜一半惊讶的问。

“全扯了。”

“为什么？”

“总写不好。”

素裳想了一想便问：“可以说么？”

“不必说了。”

“为什么呢？”

“现在没有说的必要。”

他们上着石阶，走到了白塔。这里一个人影也没有。

积雪有些已经溶化了，留着一些未干的雪水。许多屋顶露着黄黄绿绿的瓦，瓦上闪光。天空是碧色的，稀稀地点缀着黑色的小鸟儿。远处的阔马路只成为一道小径了。车马是小到如同一只小猫，那小的黑点——大约是行人了。这里的地势几乎比一切都高的。

两个人走到了最上的一层，并排地站在铁栏杆边。素裳将一只手放在栏杆上，身微微地俯着，望着远处，她在想她应该开始那话题了。但是她不知道怎样开始才好。她的心是跳跃的，烧热的；血在奔流着，而且一直冲上头脑去；她的情绪又复杂又纷乱起来了。她暗暗的瞥了洵白一眼，希望洵白能给她一些力量，但她只看见洵白发红的脸和等待她说话的眼光，她觉得她自己的心是又不安的动着了。她想了许久，结果却完全违反本意的说：“看，那边，一只冰船溜过来了……”

洵白只给她一个默默的会意的微笑，此外又是那等待那说话的眼光。

她又低下头。望到远处了：一阵鸟儿正横着飞过去，许多屋顶还在放光，阳光是那样的可爱而吻着洁白的雪……

过了一会，她才焦急的，心跳的，响了发颤的声音：“昨天，你回去……”

洵白又微笑地看了她一眼。

她接着说：“你回去之后，你曾想了什么呢？”

“想我今天来到这里——”

“不觉得这行为可笑么？”

“不！”

洵白把手伸过去，用力的握着她的手。两个人又默着了。

又过了许久的静寂，素裳象下了一个决心，偏过脸来，把她所有的情形和一切的经过都对他说了。最后，她的声音又战颤的问：“你不会觉得这使你有什么不好么？”

洵白的脸上完全被热情烧红了，心也乱动着，眼睛发光又发呆的看着她，几次都只想一下把她抱拢来，沉重的吻着她，但他又压制着，仿佛自白似的说：“不过我是一个 C. P. 。我时时都有危险的可能。我已经把所有都献给了社会了的——我有的只是我的思想和我的信仰。”

素裳便立刻回答他，说：“我知道。这有什么要紧呢？你把我看成一个贵族么？”

“我没有这样想，并且——”

素裳又接着说：“我对于现在的生活是完全反感——我已经厌恶这种生活了。我只想从这生活中解放出来的，至少我的思想要我走进唯物主义的路。我是早就决定了的。所以，这时是我开始新生活的时候了。我并且需要你指导我。”

“不过那种工作很苦的，至少在工作的支配之下没有个人的自由。”

“你以为我怕受苦么？……那享乐和闲暇的生活已把我磨炼到消沉的，死的境地了，我实在需要一种劳动的工作。”她停了一下又接着说“对于无产阶级方面的痛苦也许我比别人知道得少，但是从资产阶级中所感到的坏处，我相信会比别人多些。我不相信对于贵族式的生活感到厌恶的人也不能从事于‘康敏尼斯特’的工作。你以为一切女人都只能做太太的么？”

洵白隔了一会便诚恳的说：“我……我很了解你。我并不怀疑你什么。你对于思想方面也许比我更彻底，不过在实际的经验上我却比你多些，所以我应该把情形告诉你。”

素裳便坚决的，却颤着声音说：“你以为我和你的生活不能一致么？”

“不，我从没有这样想过。”

“事实上呢？”

洵白便正式的看着她，于是他把一切都承认了。他第一句说他相信她，而且认她是一个很使他有光荣的同志。接着他说他是从许多痛苦中——这痛苦是她在无形中给与他的——他发觉他是爱了她，好象彼此的生命起了共鸣了。当叶平在马车上对他极端称誉她，那时，他对于她简直不怀好意，因为他不相信这人间有这么一个女人。但这种轻视观念，在一看见她时便打破了，因为她给他第一个印象，就使他吃惊着，而且永远不能忘记。他又说，当他不看见她的时候，他就觉得生活很寂寞很烦闷的，他差不多每一秒钟都觉得需要和她见面……他把所有的情绪都归纳到这一句话中：“我希望给你的是幸福……”

素裳的手便软软的献给他，他吻着了。

这时两个人的心里都在响着：“我爱你！”

接着这两个身体便本能地移拢来，于是，洵白抱住她，她感动地把脸颊放在他的头发上：他们俩的生命沉醉着而且溶成一块了。

在他们的周围，太阳光灿烂的平展着，积雪炫耀着细小的闪光，一大群鸟儿在蔚蓝的天空中飞翔，无数树枝和微风调和着响出隐隐的音波。一切都是和平的，美的。

一五

从北海回来，到现在，已经九个钟头了，几乎这整个的时间，素裳都在沉思着那些情憬，那些经过，那些使她兴奋而又沉迷的，简直象一个梦似的。这时，她又一个人躲到她的书房中了，斜躺在椅子上，又连续地想着在白塔的铁栏上，她向他表示，想着他猛然抱着她，想着不知多少时候她的脸颊都紧紧的贴在他的头发上。这回想是可爱的，动心的，如同把嘴唇吻着芳醇一样，使人感到醺醺地，一种醉意的。并且，这时的夜已很深了，一切都安安静静的，一点声音也没有，这空间，虽然还泻着月光，却显得熟睡的样子。没有什么响动来扰乱她。她好象在这大地上是独立的，自己是为着洵白而生存的。而洵白也只是为她才发现到这世界来的。所以她这时头脑更清醒了，她的心更热烈了，她的眼睛更发光了，因为她能够如画地，毫不遗失毫不模糊地想着那有意义的，等于使她复活的，那种种——声音的发颤，血的奔跃，灵魂的摇动，一直到把两个生命成为一种意义的说着“我爱你啊！”为了这一种回想，她便去翻开她的日记，那上面，娟娟的，有些又非常潦草的写着她在最近发生的事故，所扰起的情感，所想象以及所希望的种种憧憬，这一切，都仿佛酒的刺激似的，使她慢慢的觉得迷惑了。于是那从前——那刚刚经过的各种心上的戏剧，又重演一次了，这是很甜蜜的。她几乎在这本子上整个的神往着，看了又看，随后还沉重地给了一个吻，留上了一个嘴唇模型的湿的痕迹。接着她便翻开到白页上，提起笔写道：

“今天是我的一生中的一个最大——也是唯一——的转变时期，也就是，我把旧的一切完全弃掉了。我的新的一切就从此开始了。也应该算是我的最有意义的日子！然而这日子是洵白给我的，因为如果没有他，这日子不会有的，纵然有，也许还离我很远吧。我是极其需要脱离旧的，充满着酒肉气味的环境，而同时，我是热望着一个新的世界使我的生命不至于浪费的。现在我达到了这目的，一切都如愿了。我应当感谢谁呢？没有人承得起这感谢的——除了他——那个引导我走向光明去的人！从此，我的生活是有意义的，我的工作将成为不朽的工作，我的生存是一个有代价的生存了，至少我活着我并不辜负了我自己。我是肯定了的，如同一个伟大的文学家肯定了某一部书中的某人物的命运，我把我自己献给洶白和痛苦的同胞们了。在这时代中，这是应该努力的工作，除了资产阶级的人们张着眼睛做梦——做那享乐和闲暇的梦之外，一切人——不必是身受几重压迫的人，都应该踏着血路——也就是充满着牺牲者的路——来完成吃人社会的破坏。这才是人生有意义的努力！世界上，找不出另一种事情，能比这努力更为光荣的，虽然这光荣并没有一点骄傲。我现在——我马上就要向着这路上前进了，这目标，如果我终于不曾达到而就牺牲了，那也不是什么损失，因为我至少是向着这路上走去的。现在一切都好了——我自己和他处于同等地位的人，我们将要彼此接近起来，彼此握着手，彼此把热情，思想，信仰，毅力，互相勉励着，交汇着，走进社会最深的一面，在那里，我们将发现一种光明照耀着一切生命，这也就是对于全人类最伟大的创造。呵，我是肯定了的！并且，我再说一句什么人都应该努力于这一条路上的。”

看了一遍她又接着写了：

“所以我今天是完全快活的，生活的第二个快活，自然这情感中免不了有爱情的成分。的确，我这时所有的只是我将要开始的工作和正在享受的爱情了，除了这两种以外我没有什么，我也不想有。我以后将从工作的辛苦中得到爱情的鼓励，我相信爱情可以使我更加有勇气。在工作中也许会把爱情暂时忘记的，但是疲倦和困难的时候一定会想到爱情，而且从爱情中又重新兴奋了。这是我的信念：爱情在我的工作里面！至少在我想念着洵白的时候，我是要加倍努力的。这就是一个证明：我看见洵白之后我的工作就等于开始了。我诚心地把这个经验敬献给青年朋友，如果你们在工作中还不曾有一个爱人。至于我这时所感得的种种快乐，我是没有法子向你们说出来的，譬喻我发现到托尔斯泰艺术时的心悦，譬喻我领略到沙士比亚悲剧时的感动，这也不够我的百分之一的形容呢。如果你们也象我这样的经过一次，那你们就会懂得我这时的种种了。”

接着她便用力的写着：“祝我的新生活万岁！”

最后，在她的许多想象中，她急欲看见她自己穿着平民衣服，杂在工农民众的游行队伍中间，拿着旗子，喊着，歌唱着，和他们一起，向人生的光明前进！

一六

大洋楼的门口又接连地排满着汽车马车包车了。那客厅里，在软软的沙发上，又躺着许多阔人。穿白衣的仆人又忙乱着。壁炉中的火又飞着红色的火焰。玻璃杯又重新闪光了。酒的，烟的，以及花的气味又混合在空间流荡。阔人们又高谈阔论着，间或杂一些要人趣事，窑子新闻，至于部属下的女职员容貌等等的比较观……

当素裳经过这客厅门口的时候，她听见徐大齐正在大声的说：“……完成一种革命，正象征服一个异性似的……”以及许多拍掌和哗笑的声音。

她便皱了眉头，带点轻蔑的想：“这一般新贵人！”一面走下楼梯去。

汽车夫阿贵便赶快跑去预备开车。

“不用，”她向他说，便自己雇了一辆洋车，到南河沿去。

当她走进大明公寓的第三号房间，她看见洵白一个人在那里，正朝着一面镜子打领结。

这两个人一见面，便互相拥抱着了：他吻着她的头发，她又吻着他的眼睛……过了一会，她才清醒似的在他耳边说：“你，你昨夜睡得好么？”

“还好。”洵白也问她：“你呢？”

“我没有做梦。”

洵白便笑着和她很用力的握了手，于是他和她各坐在一张藤椅上。

素裳又看着他说：“你刚起来？……”

“对了。我正想到你那里……”

“在路上我还恐怕你已经去了。”

接着她和他便相议了许多事情.每一件事都经过一番精细的商量。最后把一切问题都解决了。洵白便决定他不到美国去，并且觉得到美国去对于工作上并没有什么益处，因为这时并不是考察美国工业社会的时候，至少有许多工作比这个更为重要的。他便决定去要求把他派到美国去的工作改到莫斯科去，而且能运动和她一路去——如果这希望能成为实事，那么，在那里，她既然可以受实际的训练，而他自己也更多一些阅历，并且还可以和她常常在一块。于是他们便说好后天就动身。洵白便写一封信给程勉己，要他在上海为他们预备住处。他并且介绍的说：“在信仰上和在工作上，能够同我一样努力的只有他一个。我常常从他那里得到许多勇气和教训。并且他为人极其诚恳。他也很爱好文学。所以他是我的朋友，同志，先生。你一定也很欢喜他的。”

随后他们又兴奋着，互相庆祝了一番，这才离开了。

“我是幸福的。”素裳想着一面斜着脸看着洵白站在大门口笑着。当车子拐弯时，她看见叶平挟着一个黑皮包在柳树旁走着，忽然站住向她问：“到那里去？”

“从你那里回去。”车子便拉远了。

“她到我那里去么？”叶平想，“她从没有到我这里来过。”便疑惑地走了回来。

一进门，他看见洵白现着异样快乐的脸，微笑着，知道他进来也不向他说一句话。他问：“素裳说她来过这里，是不是？”

洵白便迟疑的回答说：“是的。”

叶平把黑皮包打开，从里面拿出讲义来，一面想着他的这朋友的特别欢喜，和素裳来这里的缘故，并且他联想起近来洵白的情形，以及那一块扯碎的纸条子……他觉得这是一种秘密了。

“哼，”他生气的想，“连我都骗着。”便把那讲义放到屉子里。

这时洵白忽然叫了他，又说：“我决定后天走……”

“那末，素裳的日文已能够自修了？”

“这没有关系。”洵白停了一会又接下说：“她，她大约和我一块走。”

叶平便诧异地看着她的朋友，急迫的问：“什么，她同你一路走？为什么，你同她？……”

洵白便握着他的手，把一切情形都告诉给他了。但叶平却反对的说：“我不赞成！”

“为什么呢？”

“恋爱的结局总是悲剧的多。”

“不，我不相信。因为我和她极其了解。我们的爱情是建筑在彼此的思想，工作，以及人格上。我认为你可以放心。……”

“许多人都为爱情把工作驰怠了。”

“我相信我不会。唯一的原因就是她的思想比我更彻底，她只会使我更前进的。我正应该需要这样一个人……”

叶平沉默着了。过了许久他才拍着洵白的肩膀，声音发颤的说：

“好的。我不为我的主张而反对你们。在我的意思，我是不赞成任何人——自然徐大齐更不配——和素裳发生恋爱的，因为我认为她不是这人间的普通人。但是——现在我为你们祝福好了。不过，你和她走了之后，我不久也必须到南方去了，因为我在这里一个朋友也没有，我完全孤单了。”

洵白便站起来抱住他，一面抱着一面说：“说不定什么时候我们又会面了……至少这世界上有两个人会时时想着你。”

一七

客厅里的阔人已经散了。仆人都躲在矮屋里喝着余剩的酒。当素裳回来时候，这一座洋楼显得怎样的静寂，每一个房间都是黑暗的。

她开了那书房里的电灯，开始检拾她自己的物件。那种种，那属于贵族的，属于徐大齐的，她完全不要了，尤其对于那一件貂皮大氅投了一个鄙视的眼光。她觉得真正属于她自己的只有一些书和稿子，此外便是她自己的相片了。

她从墙上把她的那张小时的相片取下来，放到屉子里。第一眼她便看见那一本日记，她觉得有点奇怪起来，因为她记得这日记是压在许多稿子中间，而这时忽然发现在一切稿子上面了。但她又觉得这也许是她自己记错的。于是她又去捡拾一些她母亲以及她朋友寄给她的信，这信札，她约略看了一看，留下几封，其余的便撕碎了，丢开了。

做完了一切，她安安静静等待着徐大齐回来，因为她要把这许多事情都告诉他，并且要对他说明天她就和洵白一路走了。

但徐大齐到了夜深还不见回来。并且第二天她睡醒了，那床上，也不见有徐大齐的影子。这使她很觉得诧异，因为她和他同居了三年，从没有一个晚上他留宿在外面的。如果情形是发生在两个星期以前，那她一定要恨起他来，而且她自己是很痛苦的。但这时，纵然徐大齐是睡在窑子窝里，也不关她的事了。

她只想，如果他到十点钟还不回来，她只好写一封信留给他了。她一面想着一面提了一只小皮箱，走到书房去，那些书、那些稿子，那些相片，以及另外一些不值价的却是属于她自己的东西，一件一件地放到这皮箱里。

这时她是快乐的，她的脸上一直浮着微笑。她觉得再过两点钟，她就和这一个环境完全脱离关系了，尤其对于离开这一座大洋楼，更使她感到许多象报复了什么的愉快。并且，有一朵灿烂的红花，在每一秒钟都仿佛地闪在她的眼前，似乎那就是她那新生活的象征，又引她沉思到一种光明的，幸福的，如同春天气象的思想里。

她时时都觉得，她现在的一切都是满足的。

“奇怪，似乎我现在没有什么欲望了！”

她正在这样想，她忽然听见门铃沉重地响了起来，接着那楼梯上，便响起极其急骤的脚步声音，于是她的房门猛然地被推开了。她看见进来的是叶平。

她立刻完全吃惊了。这一个朋友，显然比任何时候都异样：脸是苍白的，眼睛满着泪光，现着惊惶失措和悲苦的样子。他一进门便突然跑上来抓住她的手臂，并且眼泪纷纷的落下来了。

她的心便一上一下的波动着，但她想不出这一个朋友的激动，这完全反乎原来的神气和行为，究竟是一回怎样的事，所以她连声的问：“什么事，你？为了什么呢？说罢！”

叶平简直要发疯了，只管用力抓住她的手臂，过了一会才压制着而发了凄惨的声音：“今……今天——早上——洵白被——被捕了！”

素裳便一直从灵魂中叫出来了：“什么！你——你说的？”

“他还在床上，”叶平哭着说：“忽然来了武装的——司令部和公安局的——便立刻把他捆走了！”

素裳的眼前便飞过一阵黑暗了。她觉得她的心痛着而且分裂了。

她所有的血都激烈的暴动了。她的牙齿把嘴唇深深的咬着。她全身的皮肉都起了痉挛，而且颤抖着，于是她叹了一口气，软软的、死尸似的，倒下了。

叶平赶紧把她撑着，扶到沙发上，一面发呆地看着她。素裳把眼睛慢慢张开了，那盈盈的泪水，浸满着，仿佛这眼睛变成两个小的池子了。她失了意志的哭声说：“他在什么地方，我要看他去！”

叶平便擦了一擦眼泪说：“看不见。他们决不让我们知道。”接着他便压制着感情的说：“现在，我们应当想法子营救他。并且，徐大齐就很有这种力量，他不难把他保释出来的。”

素裳便也制住了感情的激动，平心静气地想着挽救他的法子。她也认为徐大齐所处的地位和名望，只要他说一句话，就可以把洵白从子弹中救回来了。

两个人便在这一种惨祸的悲苦中带着一点希望的光，盼着想着徐大齐回来。

每一秒钟，都成为长久的，充满着痛苦的时辰了。叶平时时叹息着说：“假使……都是我害了他，因为他完全为着我才来的！”

素裳也带悔恨的说：“也许，不为我，他早就走了。”

于是，一直到下午三点三十五分，徐大齐才一步一步的上着楼梯，吸着雪茄，安闲地，毫无忧虑的样子。素裳便悄悄的擦去了眼泪，跑上去抱住他，拉他坐到沙发上，好柔声的说：“你知道么？今天早上洵白被捕了，”她用力压制她的心痛，继续说：“恐怕很危险，因为他们把他当做一个共产党，其实——无论他是不是，只要你——你可以把他救出来。”

徐大齐皱着眉头，轻轻的吹着烟丝。

叶平便接着说：“他是我最好的朋友。并且他这次来北平完全是我的缘故。我真难过极了。我自己又没有能力。我的朋友中也只有你——大齐——你为我们的友谊给我这个帮助吧，你很有力量把一个临刑的人从死巾救活的。”

徐大齐把雪茄烟挟到指头上，问：“他是不是共产党？”

“我不敢十分断定——”叶平想了一下，接着说：“不过我相信，他并不是实际工作的——他就要到美国去的。”

素裳又恳求的说：“你现在去看看吧。是司令部和公安局把他捕走的。无论如何，你先把他保出来再说，你保他一点也不困难。你先打一个电话到司令部和公安局去，好么？”

徐大齐便做出非常同情的样子，但是说：“不行。因为这时候他们都玩去了，未必我跑去和副兵说话？”

最后，叶平含着眼泪走了。素裳又忍着心痛的向徐大齐说：“你写两封信叫人送去好了，也许——”

“为什么？”徐大齐打断她的话，怒气地看着她，声音生硬的问：“你这样焦急？”

素裳便惊讶地暗想着，然后回答说：“不为什么。他不是叶平的好朋友么？我们和叶平的友谊都很好。所以我觉得你应该给他帮助，何况你并不吃力，你只要一句话就什么都行了，他们不敢违反你的意旨。”

徐大齐不说话，他一口一口吸着雪茄烟，并且每次把烟丝吹成一个圆圈，象一个宝塔似的，袅袅地飘上去了。

一八

洵白已经是一个多星期没有消息了。在这个短短的——又象是非常长久的日子中，每天叶平都跑到这洋楼上来，并且都含着眼泪水地走回去了。在每次，当素裳看见他的时候，她自己的心便重新创痛起来，但是她常常把刚刚流到眼角的眼泪又咽着，似乎又把这眼泪吞到肚子中去的。甚至于她为了要借重徐大齐去挽救洵白，她把一切事都忍耐着，尤其和洵白的爱情，她不敢对他说，因为她恐怕他一知道，对于洵白性命就更加危险了，至少他不愿去保释他的，所以，在这些悲苦的日子中，一到徐大齐面前，她都装做和他很亲爱的样子。她常常违反自己的做出非常倾心地，抱着他吻着，和他说种种不堪说的甜蜜的话。最后她才听到他答复：“放心吧。这算个什么大事情呢？只要我一开口就行了！”

然而一天一天的过去了，而徐大齐给叶平的回答还是：“那天被捕的人很多，他们又替我查去了，不过被捕的人都不肯说出真姓名，据他们说在被捕者中并没有洵白这么一个人。”

于是到了这一天：当素裳正在希望徐大齐有好消息带回来，同时对于洵白的处境感着极端的忧虑和愁苦的时候，叶平又慌慌张张地跑来，现着痛苦，愤怒，伤心的样子，进了房门便一下抱着她大声的哭了起来，她的心便立刻紧了一阵，似乎在紧之中又一片片的分裂了。她落着眼泪害怕的问：“怎样，你，得了什么消息么？”

叶平蹬了一下脚，牙齿互相磨着，气愤和激动的说：“唉，我们都受骗了。我们都把一个坏人当做好人了。”

素裳便闪着惊骇的眼光看着他。

叶平的两只手握成拳头了。他又气愤和激动的说：“今天吟冰来告诉我，她说她曾要任刚到司令部去打听（任刚和黄司令是士官学校的同学），据说有这么一个人，但是当天的夜里就在天桥枪毙了，因为这是市政府和市党部的意思，并且提议密捕和即行枪决的人就是徐大齐……”

在素裳眼前，一大块黑暗落下来，并且在这黑暗中现出一个沉静的，有毅力的，有思想的脸，这个脸便立刻象风车似的飞转着，变成了另一个世界，于是，她看见洵白站在这世界最高的地位上向她招手，她的心一动，便跌倒了。

当她清醒时，她看见叶平一只手抱着她，一只手拿着一杯冷水，她的眼泪便落到杯中去，一面想着徐大齐为什么要陷害洵白。她忽然想起那一本日记，那一本她本来压在稿子中间而发现在稿子上面的日记了。

“一定，”她颤抖着嘴唇说：“他一定偷看了我的日记……”

叶平把头低下了，把袖口擦着眼角。

她又哭声的说：“是的，都是我，我把他牺牲在贼人手里了！”

于是她伤心着，而且沉沦在她的无可奈何的忏悔里。叶平便一声声叹着气。

随后，当她又想到徐大齐的毒手时候，她的一种复仇的情感便波动起来，她觉得要亲手把他的血刺出来，要亲手把他的胸膛破开，要亲手把他的心来祭奠洵白的灵魂。这自然是一种应该快意的事！但她立刻便觉悟了，觉得纵然把徐大齐杀死，于她，于洵白，于人类，都没有多大益处，因为象徐大齐这般人，甚至于正在等着候补的，是怎样的多啊。她觉得她应该去做整个铲灭这一伙人的工作，否则杀死一个又来一个，这不但劳而无功，也太费手脚了。因此她便更坚固了她的思想，并且使她觉得一个人应该去掉感情，应该用一个万难不屈的意志，去努力重造这社会的伟大工作。接着她决定了，她要继续着洵白的精神，一直走向那已经充满着无数牺牲者的路，红的，血的路。于是她把眼泪擦干，和叶平相议了许多事情，最后她向他说：“今天，夜里十二点后，我到你那里去，我搭五点钟的车。”

一九

马车从大明公寓的门口出发了。街上是静悄悄的。马蹄和轮子的声音响着，这响声，更显得四周寂寞了。天上铺着一些云，没有月亮，只稀稀地露着几颗星儿，吐着凄凉的光，在灰色的云幕中闪着，夜是一个空虚而且惨黯的夜。

随着马车的震荡，素裳和叶平的身体常常动摇着，但他们的脸是痛苦和沉默的。

一直到马车穿了南池子的门洞，素裳才伸过手，放在叶平的肩上说：“我走了，你最好也离开北平，因为说不定徐大齐也会恨到你的。”

叶平便握着她的手回答说：“离开是总要离开的。这北平给我的印象太坏了。并且有这样多可悲可惨的回忆也使我不能再呆下去。我不久就要走的，但是我不怕徐大齐陷害我，至少我的同学们会证明我，而且大家都知道我。”

接着素裳又说：“如果洵白的尸首找得出来，你把他葬了也好；如果实在没有法子找，也罢了。横竖我们并不想有葬身之地。”

叶平激动了，闪着泪光的说：“好的。这世界终究是你们的。你好好的干去吧！至于我，我是落伍了，至少我的精神是落伍的。我的许多悲剧把我弄成消极的悲观主义者了。我好象没有力量使我的生命再发一次火焰。象我这样的人是应该早就自杀的。但我还活着，并且还要活下去，这是我对于我自己的生命另有一种爱惜，却难免也是一种卑怯的行为。因此，我的生活是没有什么乐趣的，至少在意义上所存在的只是既然活着就活下去吧这一条定则而已。其实，从我的生活上，能让我找出什么意义来呢；每天，除了吃饭，穿衣，睡觉，便是编讲义，上讲堂，拿薪水。如果在我的生活中要找出一件新鲜的事，那就是领了薪水之后，到邮政局去，寄一部分钱养活我的一个残废的哥哥和一个只会吵架的小脚嫂嫂……我有什么意义呢；但是我不会自杀，大约这一辈子要编讲义编到最末一天了。”

素裳默想着，过了一会她忽然说：“我不是你的一个朋友么？”

“对了，”叶平沉着声音说：“一个最坦白最能了解的朋友，唉，这也就是我的全生活中惟一意义了。”

素裳便充满着友谊地伸过手给他吻着，同时她也吻着他的手。马车便停下了。

他们走进车站去。这车站的景象，使叶平回想到三个星期前，当他来接洵白时的情景，他的心又伤起来了。他一面擦着眼角的泪水，一面在三等车的售票门口，买了一张到天津去的和一张月台票。

这时火车快开了。火车头喷着白气！探路的灯照在沉沉的夜色里，现出一大条阔的白光。许多乡下人模样的搭客正在毫无秩序地争先着上车。叶平紧握着素裳的手，带着哭声的说："到上海，先去找程勉己去，他是我的同学也是洵白的同志，他可以设法使你到莫斯科去。如果你不至没有写信的时间，你要常常来信。"

"你最好早点离开北平……"她一面说一面上车去。汽笛叫着，火车便开走了。

在叶平的眼睛中，在那泪水濛濛中，他看见一条白的手巾在车厢外向他飘着，飘着，慢慢地远了去。

于是这火车向旷野猛进着，从愁惨的，黯澹的深夜中，吐出了一线曙光，那灿烂的，使全地球辉煌的，照耀一切的太阳施展出来了。

1929 年 *5* 月 *7* 日早上二时作完于上海

22. 书

◉朱　湘

拿起一本书来，先不必研究它的内容，只是它的外形，就已经很够我们的赏鉴了。

那眼睛看来最舒服的黄色毛边纸，单是纸色已经在我们的心目中引起一种幻觉，令我们以为这书是一个逃免了时间之摧残的遗民。它所以能幸免而来与我们相见的这段历史的本身，就已经是一本书，值得我们的思索、感叹，更不须提起它的内含的真或美了。

还有那一个个正方的形状，美丽的单字，每个字的构成，都是一首诗；每个字的沿革，都是一部历史。飙是三条狗的风：在秋高草枯的旷野上，天上是一片青，地上是一片赭，中疾的猎犬风一般快的驰过，嗅着受伤之兽在草中滴下的血腥，顺了方向追去，听到枯草飒索地响，有如秋风卷过去一般。昏是婚的古字：在太阳下了山，对面不见人的时候，有一群人骑着马，擎着红光闪闪的火把，悄悄向一个人家走近。等着到了竹篱柴门之旁的时候，在狗吠声中，趁着门还未闭，一声喊齐拥而人，让新郎从打麦场上挟起惊呼的新娘打马而回。回来的人则抵挡着新娘的父兄，作个不打不成交的亲家。

印书的字体有许多种：宋体挺秀有如柳字，麻沙体夭矫有如欧字，书法体娟秀有如褚字，楷体端方有如颜字。楷体是最常见的了。这里面又分出许多不同的种类来：一种是通行的正方体；还有一种是窄长的楷体，棱角最显；一种是扁短的楷体，浑厚颇有古风。还有写的书：或全体楷体，或半楷体，它们不单看来有一种密切的感觉，并且有时有古代的写本，很足以考证今本的印误，以及文字的假借。

如果在你面前的是一本旧书，则开章第一篇你便将看见许多朱色的印章，有的是雅号，有的是姓名。在这些姓名别号之中，你说不定可以发现古代的收藏家或是名倾一世的文人，那时候你便可以让幻想驰骋于这朱红的方场之中，构成许多缥缈的空中楼阁来。还有那些朱圈，有的圈得豪放，有的圈得森严，你可以就它们的姿态，以及它们的位置，悬想出读这本书的人是一个少年，还是老人；是一个放荡不羁的才子，还是老成持重的儒者。你也能借此揣摩出这主人翁的命运：他的书何以流散到了人间？是子孙不肖，将它舍弃了？是遭兵逃反，被一班庸奴偷窃出了他的藏书楼？还是运气不好，家道中衰，自己将它售卖了，来填偿债务，或是支持家庭？书的旧主人是这样。我呢？我这书的今主人呢？他当时对着春雕花的端砚，拿起新发的朱笔，在清淡的炉香气息中，圈点这本他心爱的书，那时候，他是决想不到这本书的未来命运，他自己的未来命运，是个怎样结局的；正如这现在读着这本书的我，不能知道我未来的命运将要如何一般。

更进一层，让我们来想象那作书人的命运：他的悲哀，他的失望，无一不自然地流露在这本书的字里行间。让我们读的时候，时而跟着他啼，时而为他扼腕太息。要是，不幸上再加上不幸，遇到秦始皇或是董卓，将他一生心血呕成的文章，一把火烧为乌有；或是像《金瓶梅》《红楼梦》《水浒传》一般命运，被浅见者标作禁书，那更是多么可惜的事情呵！

天下事真是不如意的多。不讲别的，只说书这件东西，它是再与世无争也没有的了，也都要受这种厄运的摧残。至于那琉璃一般脆弱的美人，白鹤一般兀傲的文士，他们的遭忌更是不言可喻了。试想含意未伸的文人，他们在不得意时，有的樵采，有的放牛，不仅无异于庸人，并且备受家人或主子的轻蔑与凌辱，然而他们天生得性格倔强，世俗越对他白眼，他却越有精神。他们有的把柴挑在背后，拿书在手里读；有的骑在牛背上，将书挂在牛角上读；有的在蚊声如雷的夏夜，囊了萤照着书读；有的在寒风冻指的冬夜，拿了书映着雪读。然而时光是不等人的，等到他们学问已成的时候，眼光是早已花了，头发是早已白了，只是在他们的头额上新添加了一些深而长的皱纹。

咳！不如趁着眼睛还清朗，鬓发尚未成霜，多读一读“人生”这本书罢！

23. 空中楼阁

◉朱　湘

你说不定要问：空中怎么建造得起楼阁来呢？连流星那么小雪片那么轻的东西都要从空中坠落下来，落花一般的坠落下来，更何况楼阁？我也不知怎样的，然而空中实在是有楼阁。玉皇大帝的灵霄宝殿、王母的瑶池同蟠桃园、老君的炼丹房以及三十三天中一切的洞天仙府，真是数不尽说不完的。它们之中，只须有一座从半空倒下来，我们地上这班凡人，就会没命了。幸而相安无事，至今还不曾发生过什么危险。虽然古时有过共工用头（这头一定比小说内所讲的铜头铁臂的铜头还要结实）碰断天柱的事体发生，不过侥幸女娲补的快，还不曾闹出什么大岔子，只是在雨后澄霁的时光，偶尔还看见那弧形的五彩裂纹依然存在着。现在是没有共工那种人了，我们尽可放心的睡眠，不必杞人忧天罢！

共工真是一个傻子，不顾别人的性命，还有可说；他却连自己的性命都不顾了。也很难讲，谁敢说他不是觉着人间的房屋太低陋龌龊了，要打通一条上天的路，领着他的一班手下的人，学齐天大圣那样的去大闹一次天宫，把玉皇大帝赶下宝座，他自己却与一班手下人霸占起一切的空中楼阁呢。女娲一定是为了凡间的姊妹大起恐慌，因为那班急色的男子，最喜欢想仙女的心思。他们遇到一个美貌的女子，总是称赞她像天仙。万一共工同他的将士，真正上了天，他们还不个个都作起刘晨、阮肇来，将家中一班怨女，都抛撇在人间守活寡吗？

并且天上的宫殿，都是拿蔚蓝的玉石铺地，黄金的暮云筑墙，灯是圆大的朝阳，烛是辉煌的彗星，也难怪共工想登天了。在那边园囿之中，有白的梅花鹿，遨游月宫的白兔，耸着耳朵坐在钵前，用一对前掌握着玉杵捣霜，还有填桥的喜鹊鼓噪，衔书的青鸟飞翔，萧史跨着的凤凰在空中巧啭着它那比箫还悠扬婉转的歌声。银白的天河在平原中无声的流过，岸旁茂生着梨花一般白的碧桃，累累垂有长生之果的蟠桃，引刘阮人天台的绛桃。别的树木更是多不胜举。菌形的灵芝黑得如同一柄墨玉的如意。郊野之中，也有许多的虫豸，蚀月的蟾蜍呵，啼声像鬼哭的九头鸟呵，天狼呵，天狗呵，牛郎的牛呵，老君的牛呵，还有那张果老骑的驴子，它都比凡人尊贵，能够住在天上。

咳！在古代不说作人了！就是作鸡狗都有福气。那时的人修行得道，连家中的鸡狗，都是跟着飞升的。你瞧那公鸡，它斜了眼睛，尽向天上望，它一定是在羡慕它的那些白日飞升的祖宗呢。空中的楼阁，海上的蜃楼，深山的洞府，世外的桃源，完了，都完了，生在现代的人，既没有琴高的鲤，太白的鲸鱼，骑着去访海外的仙山；也没有黄帝的龙，后羿的金鸟，跨了去游空中的楼阁。

24. 周邦彦的《大毬》

◉朱　湘

“对宿烟收，春禽静，飞雨时鸣高屋。墙头青玉旆，洗铅霜都尽，嫩梢相触。润逼琴丝，寒侵枕障，虫网吹黏帘竹。”

南方的房屋高而瘦，不像北方的那样矮而肥；并且它们也比北地的大得多。住在江南的房屋中，愉悦的感觉到一种虚幽的风味。加上南方的房屋是较深的，光线不容易透进来，在屋顶上又有几块半明半暗的天窗，更增加起了室中的幽趣。在春天梅雨左右的时候，凡人手所接触到的东西部呈现一种新奇的潮润，并且一阵阵可喜的轻寒不时的向面上飘拂而来；连绵的雨声节奏的敲击于屋顶之上，在深邃的房屋中惊起了微妙的回音。

室口悬着去夏的竹帘；要是在北方，这时还是挂着冬天的青布棉帘呢。竹帘与房门一般，是阔而高的；帘腰上的横木用细绳系在屋檐之下，将帘悬起；绳子经过了不少的雨露风霜，变成深灰色了，有许多短的蛛丝黏附于绳上，帘纹间也可发现不少蛛丝的痕迹，至于介于竹帘与格子长门扇间的空间中更有一些完整的蛛网，网上还附着微小的雨点。帘与屋檐间有蛛网，在北方是不可能的，因帘常被掀起之故；在江南，则因竹帘有绳悬起，常处于不动的状态中，于是蜘蛛们的经纶之才便有了游刃的余地了。

我住屋的小院里有一棵杏树，枝叶茂密，枝条特别的柔韧，确有一种嫩梢相触的情景，宛不如北方的树木，枝与干一般的硬，像我们平常在古画中看见的一模一样。杏树的枝干是青黑色，叶子永远的新鲜，与北方雨后灰尘洗去的柳叶一样，在梅雨的时光中，杏叶上摇晃着一片白的颜色。杏荫覆满一院；屋中已是熹微的光景，被杏荫遮的更熹微了。室中的人，在这种时候，恍如置身于轻烟之中，又如神游于凉梦之内。

隔院是一棵刚才拆叶的梧桐，笔直的，大半截不见一叶，并且高而耸，与它身旁的檐壁一样。它活像一柄长伞，柄是淡绿，伞是可爱的透光的青。

不知从什么地方，不断的送来春鸠的啼声。

25. 打弹子

◉朱　湘

打弹子最好是在晚上。一间明亮的大房子，还没有进去的时候，已经听到弹子相碰的清脆声音。进房之后，看见许多张紫木的长台平列排着，鲜红的与粉白的弹子在绿色的呢毯上滑走，整个台子在雪亮的灯光下照得无微不见，连台子四围上边嵌镶的菱形螺钿都清晰的显出。许多的弹竿笔直的竖在墙上。衣钩上面有帽子，围巾，大氅。还有好几架钟，每架下面是一个算盘——听哪，答拉一响，正对着门的那个算盘上面，一下总加了有二十开外的黑珠。计数的伙计一个个站在算盘的旁边。

也有伙计陪着单身的客人打弹子。这样的伙计有两种，一种是陪已经打得很好的熟客打，一种是陪才学的生客打。陪熟客打的，一面低了头运用竿子，一面向客人嘻笑的说："你瞅吧！这竿儿再赶不上你，这碗儿饭就不吃啦！"陪生客打的，看见客人比了大半天，竿子总抽上了有十来趟，归根还是打在第一个弹子的正面就不动了，他看着时候，说不定心里满觉得这位客人有趣，但是脸上决不露出一丝笑容，只随便的带说一句，"你这球要低竿儿打红奔白就得啦。"

打弹子的人有穿灰色爱国布罩袍的学生，有穿藏青花呢西服的教员，有穿礼服呢马褂淡青哔叽面子羊皮袍的衙门里人。另有一个，身上是浅色花缎的皮袍，左边的袖子掳了起来，露出细泽的灰鼠里子，并且左手的手指上还有一只耀目的金戒指。这想必是富商的儿子罢。

这些人里面，有的面呈微笑，正打眼着“眼镜”。有的把竿子放去背后，作出一个优美的姿势来送它。有的这竿已经有了，右掌里握着的竿子从左手手面上顺溜的滑过去，打的人的身子也跟着灵动的扭过，再准备打下一竿。

“您来啦！您来啦！”伙计们在我同子离掀开青布绵花帘子的时候站起身，来把我们的帽子接了过去。“喝茶？龙井，香片？”

弹子摆好了，外面一对白的，里面一对红的。我们用粉块擦了一擦竿子的头，开始游戏了。

这些红的、白的弹子在绿呢上无声的滑走，很像一间宽敞的厅里绿毡毹上面舞蹈着的轻盈的美女。她披着鹅毛一样白的衣裳，衣裳上面绣的是金线的牡丹，柔软的细腰上系着一条满缀宝石的红带，头发扎成一束披在背后，手中握着一对孔雀毛，脚上穿的是一双红色的软鞋。脚尖矫捷的在绿毡毹上轻点着，一刻来了厅的这方，一刻去了厅的那方，一点响声也听不出，只偶尔有衣裳的窸窣，环佩的丁当，好像是替她的舞蹈按着拍子一样。

这些白的、红的弹子在绿呢上活泼的驰行，很像一片草地上有许多盛服的王孙公子围着观看的一双斗鸡。它们头顶上戴的是血一般红的冠。它们弯下身子，拱起颈，颈上的一圈毛都竦了起来，尾巴的翎毛也一片片的张开。它们一刻退到后头，把身体蜷伏起来，一刻又奔上前去，把两扇翅膀张开，向敌人扑啄。四围的人看得呆了，只在得胜的鸡骄扬的叫出的时候，他们才如梦初醒，也跟着同声的欢呼起来。

弹子在台上盘绕，像一群红眼珠的白鸽在蔚蓝的天空上面飘扬。弹子在台上旋转，像一对红眼珠的白鼠在方笼的架子上面翻身。弹子在台上溜行，像一只红眼珠的白兔在碧绿的草原上面飞跑。

还记得是三年前第一次跟了三哥学打弹子，也是在这一家。现在我又来这里打弹子了，三哥却早已离京他往。在这种乱的时世，兄弟们又要各自寻路谋生，离合是最难预说的了；不知道还要多少年，才能兄弟聚首，再品一盘弹子呢？

正这样想着的时候，看见一对夫妇，同两个二十左右的女子，带着三个小孩子，一个老妈子，进来了球房：原来是夫妻俩来打弹子的。他们开盘以后，小孩子们一直站在台子旁边看热闹，并且指东问西，嘴说手画，兴头之大，真不下似当局的人。问的没有得到结果的时候，还要牵住母亲的裙子或者抓住她的弹竿唠叨的尽缠；被父亲呵了几句，才暂时静下一刻，但是不到多久，又哄起来了。

事情凑巧：有一次轮到父亲打，他的白球在他自己面前，别的三个都一齐靠在小孩子们站的这面的边上，并且聚拢在一起，正好让他打五分的；哪晓得这三个孩子看见这些弹子颜色鲜明得可爱，并且圆溜溜的好玩，都伸出双手踮起脚尖来抢着抓弹子；有一个孩子手掌太小，一时抓不起弹子来，他正在抓着的时候，父亲的弹子已经打过来了，手指上面打中一下，痛得呱呱的大哭起来。老妈子看到，赶紧跑过来把他抱去了茶几旁边，拿许多糖果哄他止哭。那两个孩子看见父亲的神气不对，连忙双手把弹子放同原处，也悄悄的偷回去茶几旁边坐下了。母亲连忙说，“一个孩子已经够嚷的啦。咱们打球吧。”父亲气也不好，不气也不好，狠狠的盯了那两个孩子一眼，盯得他们在椅子上面直扭，他又开始打他的弹子了。

在这个当儿，子离正向我谈着“弹子经”。他说：“打得妙的时候，一竿子可以打上整千”，他看见我的嘴张了一张，连忙接着说下：“他们工夫到家的妙在能把四个球都赶上一个台角里边去，而后轻轻的慢慢的尽碰。”我说：“这未免太不‘武’了！大来大往，运用一些奇兵，才是我们的本色！”子离笑了一笑，不晓得他到底是赞成我的议论呀还是不赞成。其实，我自己遇到了这种机会的时候，也不肯轻易放过，所惜本领不高，只能连个几竿罢了。

我们一面自己打着弹子，一面看那对夫妇打。大概是他们极其客气，两人都不愿占先的缘故，所以结果是算盘上的黑珠有百分之八十都还在右头。我向四围望了一眼，打弹子的都是男人，女子打的只这一个，并且据我过去的一点经验而言，女子上球房我这还是第一次看见。我想了一想，不觉心里奇怪起来："女子打弹子，这是多么美的一件事！毡毹的平滑比得上她们肤容的润泽，弹竿的颀长比得上她们身段的苗条；弹子的红像她们的唇，弹子的白像她们的脸；她们的眼珠有弹丸的流动，她们的耳珠有弹丸的匀圆。网球在女界通行了，连篮球都在女界通行了，为什么打弹子这最美的、最适于女子玩耍的，最能展露出她们身材的曲线美的一种游戏反而被她们忽视了呢？"哪晓得我这样替弹子游戏抱着不平的时候，反把自己的事情耽误了，原来我这样心一分，打得越坏，一刻工夫已经被子离赶上去半趟，总共是多我一趟了。

现在已经打了很久了，歇下来看别人打的时候，自家的脑子里面都是充满着角度的纵横的线。我坐在茶几旁边，把我的眼睛所能见到的东西都拿来心里面比量，看要用一个什么角度才能打着。在这些腹阵当中，子离口噙的烟斗都没有逃去厄难。有一次我端起茶杯来的时候曾经这样算过："这茶杯作为我的球，高竿，薄球，一定可以碰茶壶，打到那个人头上的小瓜皮帽子。不然，厚一点，就打对面墙上那架钟。"

钟上的计时针引起了我的注意，现在时间已经不早了。我向子离说，"这个半点打完，我们走吧。"

"三点！一块找！要辅币！手巾！……谢谢您！您走啦！您走啦！"

临走出球房的时候，听到那一对夫妻里面的妻子说，"有啦！打白碰到红啦！”丈夫提出了异议。但是旁观的两个女郎都帮她，“嫂嫂有啦！哥哥别赖！”

26. 一对石球

◉缪崇群

朋友，你从远远的地方来到我这里，你去了，你遗下了一对你所爱的石球，那是你在昆明湖畔买的。我想给你常寄去，你说就留它们放在这里。我希望你常想到石球，便也常常地记忆着我们。

记得你来的时候，你曾那样关怀地问：

“在这里，听说你同着你的妻。”

“是的，现在，我和她两个人。”

我诚实地回答你，可是我听了自己的答语却觉得有些奇异，从前，我是同你一个样的：跑东奔西，总是一个单身的汉子。现在，我说“我同她两个”——竟这样的自然而平易！

你来的那天白日，她便知道了她的寂寞的丈夫还有一个孤独的友人。直到夜晚，她才喘嘘嘘地携来了一床她新缝就的被子。

我不是为你们介绍着说：

“这就是我的朋友；这就是你适才所提到的人。”

当时我应该说：

“这朋友便像当初的我，现在作了这女人的男人；这女人，无量数的女人中我爱的一个，作了我的妻。”

那夜，她临走的时候我低低地问：

“一张床，我和朋友应当怎样息呢？”

“让他在外边，你靠里。”

我问清了里外，我又问她方向：

“在一边还是分两头？”

她笑了笑，仿佛笑我的蠢笨：

“没听说过——有朋自远方来，抵足而眠啊。”

我也笑了，笑这些男人们里的单身汉子。

朋友，你在我这里宿了一夜，两夜，三夜……我不知道那是偶然，是命定，还是我们彼此的心灵的安排？

有一次你似乎把我从梦呓中唤醒，我觉出了我的两颊还是津湿。我几次问你晨安，你总是说好，可是夜间我明明听见了你在床上辗转。

我们有一次吃了酒回来，你默默地没有言语。你说要给你的朋友写信，我却看见你在原稿纸上写了一行“灵魂的哀号”的题目。

你说你无端的来，无端的去；你说你带走了一些东西，也许还留下一些东西，你又说过去的终于过去……

朋友，我们无端的相聚，又无端的别离了。我不知道你所带走的是一些什么，也不知道你所留下的是一些什么。我现在重复着你的话，过去的终于过去了。

朋友，记忆着你的石球罢。还是把所谓“一对者”的忘掉了好。

——怀 BK 兄作

27. 废墟上

◉缪崇群

不久以前敌人飞来过，不久以后又飞去了。在短短的时刻之间，恁空给这个不大的城市里留下了一大片颇为广阔的灾区。

几面粉白的残壁，近的远的，像低沉的云朵遮住眼界。焦黑的椽柱，枒槎交错着，折毁的电杆，还把它带着磁瓶的肩背倾垂着，兀自孤立的危墙，仿佛是这片灾区里的唯一的表率者。

看不出一点巷里的痕迹，也想不出有多少家屋曾比栉为邻地占着这块广阔的地方。

踏着瓦砾，我知道在踏着比这瓦砾更多的更破碎的人们的心。

一匹狗，默然地伏在瓦砾上，从瓦砾的缝隙，依稀露着被烧毁了的门槛的木块。

狗伏着，他的鼻端紧靠着地。他嗅着它，或是嗅着他所熟嗅的气息，或是嗅着还有一种别的什么东西。

在人类求生存的意念以上，我想还有一种什么素质存在着，这素质并没有它的形骸，而仅只是一种脉脉的气息，它使有血有肉的东西温暖起来，它使每一个生物对另一个生物一呼一吸地相关系着；如同一道温温的交流，如同春夕里从到处吹拂来的阵阵的微风。

有血肉的生物，哪怕是一匹兽……都是在这种气息里受着薰陶的。

我相信，这匹狗便在嗅着它，嗅着这求生存意念之上的一种气息。

心灵被蹂躏了的，被凌辱了的，家产被摧毁了的，被烧残了的邻人们，回返到这废墟上来，废墟为我们保藏着一种更浓的更可珍爱的气息。

去亲每一片瓦砾，去吻这一匹狗！

让“皇军”继续来“征服”，来“歼灭”罢，徒然的，这种气息是永也不会丧亡！

尽先地，我将向着这些心灵接近的邻人们，和这一匹狗，俯着首，把膝盖屈了下去。

28. 长安寺

◉萧　红

接引殿里的佛前灯一排一排的，每个顶着一颗小灯花燃在案子上。敲钟的声音一到接近黄昏的时候就稀少下来，并且渐渐地简直一声不响了。因为烧香拜佛的人都回家去吃着晚饭。

大雄宝殿里，也同样哑默默地，每个塑像都站在自己的地盘上忧郁起来，因为黑暗开始挂在他们的脸上。长眉大仙，伏虎大仙，赤脚大仙，达摩，他们分不出哪个是牵着虎的，哪个是赤着脚的。他们通通安安静静地同叫着别的名字的许多塑像分站在大雄宝殿的两壁。

只有大肚弥勒佛还在笑眯眯地看着打扫殿堂的人，因为打扫殿堂的人把小灯放在弥勒佛脚前的缘故。

厚沉沉的圆圆的蒲团，被打扫殿堂的人一个一个地拾起来，高高地把它们靠着墙堆了起来。香火着在释迦摩尼的脚前，就要熄灭的样子，昏昏暗暗地，若不去寻找，简直看不见了似的，只不过香火的气息缭绕在灰暗的微光里。

接引殿前，石桥下边池里的小龟，不再像日里那样把头探在水面上。用胡芝麻磨着香油的小石磨也停止了转动。磨香油的人也在收拾着家具。庙前喝茶的都戴起了帽子，打算同家去。冲茶的红脸的那个老头，在小桌上自己吃着一碗素面，大概那就是他的晚餐了。

过年的时候，这庙就更温暖而热气腾腾的了，烧香拜佛的人东看看，西望望。用着他们特有的幽闲，摸一摸石桥的栏杆的花纹，而后研究着想多发现几个桥下的乌龟。有一个老太婆背着一个黄口袋，在右边的胯骨上，那口袋上写着“进香”两个黑字，她已经跨出了当门的殿堂的后门，她又急急忙忙地从那后门转回去。我很奇怪地看着她，以为她掉了东西。大家想想看吧！她一翻身就跪下，迎着殿堂的后门向前磕了一个头。看她的年岁，有六十多岁，但那磕头的动作，来得非常灵活，我看她走在石桥上也照样的精神而庄严。为着过年才做起来的新缎子帽，闪亮地向着接引殿去朝拜了。佛前钟在一个老和尚手里拿着的钟锤下当当地响了三声，那老太婆就跪在蒲团上安详地磕了三个头。这次磕头却并不像方才在前面殿堂的后门磕得那样热情而慌张。我想了半天才明白，方才，就是前一刻，一定是她觉得自己太疏忽了，怕是那尊面向着后门口的佛见她怪，而急急忙忙地请他恕罪的意思。

卖花生糖的肩上挂着一个小箱子，里边装了三四样糖，花生糖、炒米糖，还有胡桃糖。卖瓜子的提着一个长条的小竹篮，篮子的一头是白瓜籽，一头是盐花生。而这里不大流行难民卖的一包一包的“瓜子大王”。青茶，素面，不加装饰的，一个铜板随手抓过一撮来就放在嘴上磕的白瓜籽，就已经十足了。所以这庙里吃茶的人，都觉得别有风味。

耳朵听的是梵钟和诵经的声音；眼睛看的是些悠闲而且自得的

游庙或烧香的人；鼻子所闻到的，不用说是檀香和别的香料的气息。所以这种吃茶的地方确实使人喜欢，又可以吃茶，又可以观风景看游人。比起重庆的所有的吃茶店来都好。尤其是那冲茶的红脸的老头，他总是高高兴兴的，走路时喜欢把身子向两边摆着，好像他故意把重心一会放在左腿上，一会放在右腿上。每当他掀起茶盅的盖子时，他的话就来了，一串一串的，他说：我们这四川没有啥好的，若不是打日本，先生们请也请不到这地方。他再说下去，就不懂了，他谈的和诗句一样。这时候他要冲在茶盅的开水，从壶嘴如同一条水落进茶盅来。他拿起盖子来把茶盅扣住了，那里边上下游着的小鱼似的茶叶也被盖子扣住了，反正这地方是安静得可喜的，一切都是太平无事。

×× 坊的水龙就在石桥的旁边和佛堂斜对着面。里边放置着什么，我没有机会去看，但有一次重庆的防空演习我是看过的，用人推着哇哇的山响的水龙，一个水龙大概可装两桶水的样子，可是非常沉重，四五个人连推带挽。若着起火来，我看那水龙到不了火已经落了。那仿佛就写着什么 ×× 坊一类的字样。惟有这些东西，在庙里算是一个不调和的设备，而且也破坏了安静和统一。庙的墙壁上，不是大大的写着“观世音菩萨”吗？庄严静穆，这是一块没有受到外面侵扰的重庆的唯一的地方。他说，一花一世界，这是一个小世界，应作如是观。

但我突然神经过敏起来——可能有一天这上面会落下了敌人的一颗炸弹。而可能的那两条水龙也救不了这场大火。那时，那些喝茶的将没有着落了，假如他们不愿意茶摊埋在瓦砾场上。

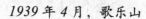

我顿然地感到悲哀。

1939 年 *4* 月，歌乐山

29. 祖父死了的时候

◉萧　红

祖父总是有点变样子，他喜欢流起眼泪来，同时过去很重要的事情他也忘掉。比方过去那一些他常讲的故事，现在讲起来，讲了一半，下一半他就说："我记不得了。"

某夜，他又病了一次，经过这一次病，他竟说："给你三姑写信，叫她来一趟，我不是四五年没看过她吗？"他叫我写信给我已经死去五年的姑母。

那次离家是很痛苦的。学校来了开学通知信，祖父又一天一天地变样起来。

祖父睡着的时候，我就躺在他的旁边哭，好像祖父已经离开我死去似的，一面哭着一面抬头看他凹陷的嘴唇。我若死掉祖父，就死掉我一生最重要的一个人，好像他死了就把人间一切"爱"和"温暖"带得空空虚虚。我的心被丝线扎住或铁丝绞住了。

我联想到母亲死的时候。母亲死以后，父亲怎样打我，又娶一个新母亲来。这个母亲很客气，不打我，就是骂，也是指着桌子或椅子来骂我。客气是越客气了，但是冷淡了，疏远了，生人一样。

"到院子去玩玩吧！"祖父说了这话之后，在我的头上撞了一下，"喂！你看这是什么？"一个黄金色的桔子落到我的手中。

夜间不敢到茅厕去，我说："妈妈同我到茅厕去趟吧。"

"我不去！"

“那我害怕呀！”

“怕什么？”

“怕什么？怕鬼怕神？”父亲也说话了，把眼睛从眼镜上面看着我。

冬天，祖父已经睡下，赤着脚，开着纽扣跟我到外面茅厕去。

学校开学，我迟到了四天。三月里，我又回家一次，正在外面叫门，里面小弟弟嚷着：“姐姐回来了！姐姐回来了！”大门开时，我就远远注意着祖父住着的那间房子。果然祖父的面孔和胡子闪现在玻璃窗里。我跳着笑着跑进屋去。但不是高兴，只是心酸，祖父的脸色更惨淡更白了。等屋子里一个人没有时，他流着泪，他慌慌忙忙的一边用袖口擦着眼泪，一边抖动着嘴唇说：“爷爷不行了，不知早晚……前些日子好险没跌……跌死。”

“怎么跌的？”

“就是在后屋，我想去解手，招呼人，也听不见，按电铃也没有人来，就得爬啦。还没爬到后门口，腿颤，心跳，眼前发花了一阵就倒下去。没跌断了腰……人老了，有什么用处！爷爷是八十一岁呢。”

“爷爷是八十一岁。”

“没用了，活了八十一岁还是在地上爬呢！我想你看不着爷爷了，谁知没有跌死，我又慢慢爬到炕上。”

我走的那天也是和我回来那天一样，白色的脸的轮廓闪现在玻璃窗里。

在院心我回头看着祖父的面孔，走到大门口，在大门口我仍可看见，出了大门，就被门扇遮断。

从这一次祖父就与我永远隔绝了。虽然那次和祖父告别，并没说出一个永别的字。我回来看祖父，这回门前吹着喇叭，幡杆挑得比房头更高，马车离家很远的时候，我已看到高高的白色幡杆了，吹鼓手们的喇叭怆凉地在悲号。马车停在喇叭声中，大门前的白幡、白对联、院心的灵棚、闹嚷嚷许多人，吹鼓手们响起呜呜的哀号。

这回祖父不坐在玻璃窗里，是睡在堂屋的板床上，没有灵魂地躺在那里。我要看一看他白色的胡子，可是怎样看呢！拿开他脸上蒙着的纸吧，胡子、眼睛和嘴，都不会动了，他真的一点感觉也没有了？我从祖父的袖管里去摸他的手，手也没有感觉了。祖父这回真死去了啊！

祖父装进棺材去的那天早晨，正是后园里玫瑰花开放满树的时候。我扯着祖父的一张被角，抬向灵前去。吹鼓手在灵前吹着大喇叭。

我怕起来，我号叫起来。

“咣咣！”黑色的，半尺厚的灵柩盖子压上去。

吃饭的时候，我饮了酒，用祖父的酒杯饮的。饭后我跑到后园玫瑰树下去卧倒，园中飞着蜂子和蝴蝶，绿草的清凉的气味，这都和十年前一样。可是十年前死了妈妈。妈妈死后我仍是在园中扑蝴蝶；这回祖父死去，我却饮了酒。

过去的十年我是和父亲打斗着生活。在这期间我觉得人是残酷的东西。父亲对我是没有好面孔的，对于仆人也是没有好面孔的，他对于祖父也是没有好面孔的。因为仆人是穷人，祖父是老人，我是个小孩子，所以我们这些完全没有保障的人就落到他的手里。后来我看到新娶来的母亲也落到他的手里，他喜欢她的时候，便同她说笑，他恼怒时便骂她，母亲渐渐也怕起父亲来。

母亲也不是穷人，也不是老人，也不是孩子，怎么也怕起父亲来呢？我到邻家去看看，邻家的女人也是怕男人。我到舅家去，舅母也是怕舅父。

我懂得的尽是些偏僻的人生，我想世间死了祖父，就没有再同情我的人了，世间死了祖父，剩下的尽是些凶残的人了。

我饮了酒，回想，幻想……

以后我必须不要家，到广大的人群中去，但我在玫瑰树下颤怵了，人群巾没有我的祖父。

所以我哭着，整个祖父死的时候我哭着。

30. 滑竿

◉萧　红

黄河边上的驴子，垂着头的，细腿的，穿着自己的破烂的毛皮的，它们划着无边苍老的旷野，如同枯树根又在人间活动了起来。

它们的眼睛永远为了遮天的沙土而垂着泪，鼻子的响声永远搅在黄色的大风里，那沙沙的足音，只有在黄昏以后，一切都停息了的时候才能听到。

而四川的轿夫，同样会发出那沙沙的足音。下坡路，他们的腿，轻捷得连他们自己也不能够止住，蹒跚地他们控制了这狭小的山路。他们的血液骄傲地跳动着，好像他们停止了呼吸，只听到草鞋触着石级的声音。在山涧中，在流泉中，在烟雾中，在凄惨地飞着细雨的斜坡上，他们喊着：左手！

迎面走来的，担着草鞋的担子，背着青菜的孩子，牵着一条黄牛的老头，赶着三个小猪的女人，他们也都为着这下山的轿子让开路。因为他们走得快，就像流泉一样的，一刻也不能够止息。

一到拔坡的时候，他们的脚步声便不响了。迎面遇到来人的时候，他们喊着左手或右手的声音只有粗嘎，而一点也不强烈。因为他们开始喘息，他们的肺叶开始扩张，发出来好像风扇在他们的胸膛里煽起来的声音，那破片做的衣裳在吱吱响的轿子下面，有秩序的向左或向右地摆动。汗珠在头发梢上静静地站着，他们走得当心而出奇的慢，而轿子仍旧像要破碎了似的叫。像是迎着大风向前走，像是海船临靠岸时遇到了潮头一样困难。

他们并不是巨象，却发出来巨象呼喘似的声音。

早晨他们吃了一碗四个大铜板一碗的面，晚上再吃一碗，一天八个大铜板。甚或有一天不吃什么的，只要抽一点鸦片就可以。所以瘦弱苍白，有的像化石人似的，还有点透明。若让他们自己支持着自己都有点奇怪，他们随时要倒下来的样子。

可是来往上下山的人，却担在他们的肩上。

有一次我偶尔和他们谈起做爆竹的方法来，其中的一个轿夫，不但晓得做爆竹的方法，还晓得做枪药的方法。他说用破军衣，破棉花，破军帽，加上火硝，硫磺，就可以做枪药。他还怕我不明白枪药。他又说："那就是做子弹。"

我就问他："你怎么晓得做子弹？"

他说他打过贺龙，在湖南。

"你那时候是当官吗？当兵吗？"

他说他当兵，还当过班长。打了两年。后来他问我："你晓得共匪吗？打贺龙就是打共匪。"

"我听说。"接着我问他："你知道现在的共匪已经编了八路军吗？"

"呵！这我还不知道。"

"也是打日本。"

"对呀！国家到了危难的时候，还自己打什么呢？一齐枪口对外。"他想了一下的样子："也是归蒋委员长领导吗？"

"是的。"

这时候，前边的那个轿夫一声不响。轿杆在肩上，一会儿换换左手，一会儿又换换右手。

后边的就接连着发了议论："小日本不可怕，就怕心不齐。中国人心齐，他就治不了。前几天飞机来炸，炸在朝天门。那好做啥子呀！飞机炸就占了中国？我们可不能讲和，讲和就白亡了国。日本人坏呀！日本人狠哪！报纸上去年没少画他们杀中国人的图。我们中国人抓住他们的俘虏，一律优待。可是说日本人也不都坏，说是不当兵不行，抓上船就载到中国来……"

"是的……老百姓也和中国老百姓一样好。就是日本军阀坏……"我回答他。

就快走上高坡了，一过了前边的石板桥，隔着这一个山头又看到另外的一个山头。云烟从那个山慢慢地沉落下来，沉落到山腰了，仍旧往下沉落，一道深灰色的，一道浅灰色的，大团的游丝似的缚着山腰。我的轿子要绕过那个有云烟的尖顶的山。两个轿夫都开始吃力了。我能够听得见的，是后边的这一个，喘息的声音又开始了。我一听到他的声音，就想起海上在呼喘着的活着的蛤蟆。因为他的声音就带着起伏、扩张、呼煽的感觉。他们脚下刷刷的声音，这时候没有了。伴着呼喘的是轿杆的竹子的鸣叫。坐在轿子上的人，随着他们沉重的脚步的起伏在一升一落的。在那么多的石级上，若有一个石级不留心踏滑了，连人带轿子要一齐滚下山涧去。

因为山上的路只有二尺多宽，遇到迎面而来的轿子，往往是彼此摩擦着走过。假若摩擦得厉害一点，谁若靠着山涧的一面，谁就要滚下山涧去。山峰在前边那么高，高得插进云霄似的。山壁有的地方挂着一条小小的流泉，这流泉从山顶上一直挂到深涧中。再从涧底流到另一面天地去，就是说，从山的这面又流到山的那面去了。同时流泉们发着唧铃铃的声音。山风阴森地浸着人的皮肤。这时候，真有点害怕，可是转头一看，在山涧的边上都挂着人，在乱草中，耙子的声音刷刷地响着。原来是女人和小孩子在集着野柴。

后边的轿夫说："共匪编成了八路军，这我还不知道。整天忙生活……连报纸也不常看（他说过他在军队常看报纸）……整天忙生活对于国家就疏忽了……"

正是拔坡的时候，他的话和轿杆的声响搅在了一起。

对于滑竿，我想他俩的肩膀，本来是肩不起的，但也肩起了。本来不应该担在他们的肩上的，但他们也担起了。而在担不起时，他们就抽起大烟来担。所以我总以为抬着我的不是两个人，而像轻飘飘的两盏烟灯。在重庆的交通运转却是掌握在他们的肩膀上的，就如黄河北的驴子，垂着头的，细腿的，使马看不起的驴子，也转运着国家的军粮。

1939 年春，歌乐山

31. 寄东北流亡者

◉萧　红

沦落在异地的东北同胞们：

当每个秋天的月亮快圆的时候，你们的心总被悲哀装满。想起高粱油绿的叶子，想起白发的母亲或幼年的亲眷。

你们的希望曾随着秋天的满月，在幻想中赊取了七次，而每次都是月亮如期的圆了，而你们的希望却随着高粱叶子萎落。但是自从“八一三”之后，上海的炮火响了，中国政府积极抗战揭开，“九一八”的成了习惯的暗淡与愁惨却在炮火的交响里换成了激动、兴奋和感激。这时，你们一定也流泪了。这是感激的泪，兴奋的泪，激动的泪。

记得抗战以后，第一个“九一八”是怎样纪念的呢？

中国飞行员在这天作了突击的工作，他们对于出云舰的袭击做了出色的功绩。

那夜里，日本神经质的高射炮手，浪费的用红色的绿色的淡蓝色的炮弹把天空染红了。但是我们的飞行员仍然以精确的技巧和沉毅的态度来攻击这摧毁文化、摧毁和平的法西斯魔手。几百万市民都仰起头来寻觅，其实他们是什么也看不见的，但是他们一定要看。在那黑魆魆的天空里仿佛什么都找不到，而这里就隐藏着我们抗战的活动的每个角度。

第一个煽惑起东北同胞的思想的是：“我们就要回家去了！”

是的，家是可以回去的，而且家也是好的，土地是宽阔的，米粮是富足的。

是的，人类是何等的对着故乡寄注了强烈的怀念呵！黑人对着迪斯的痛苦的响往，爱尔兰的诗人夏芝想回到那有“蜂房一窠，菜畦九畴”的茵尼斯，做过水手的约翰·曼殊斐儿狂热的愿意回到海上。

但是等待了七年的同胞们，单纯的心急是没用的，感情的焦躁不但无价值，而常常是理智的降低。要把急切的心情放在工作的表现上才对。我们的位置就是永远站在别人的前边的那个位置。我们是应该第一个打开了门而是最末走进去的人。

抗战到现在已经遭遇到最艰苦的阶段，而且也就是最后胜利接近的阶段。在美国贾克·伦敦所写的一篇短篇小说上，描写两个拳师在冲击的斗争里，祇系于最后的一拳。而那个可怜的“老拳师”所以失败了的原因，也只在少吃了一块“牛扒”。假若事先他能在肚里装进一块“牛扒”，胜利一定属于他的。

东北流亡同胞，我们的地大物博，决定我们的沉着毅勇，正与敌人的急功切进相反，所以最后的一拳一定是谁最沉着的就是谁打得最有力。我们应该献身给祖国做前卫的工作，就如我们应该把失地收复一样。这是无可怀疑的。

东北流亡同胞，为了失去的土地上的高粱、谷子，努力吧！为了失去的土地上年老的母亲，努力吧！为了失去的地面上的痛心的一切的记忆，努力吧！

而且我们要竭力克服残存的那种“小地主”意识和官僚主义的余毒，赶快地加入到生产的机构里，因为“九一八”以后的社会变更，已经使你们失去了大片土地的依存，要还是固守从前的生活方式，坐吃山空，那样你们的资产只剩了哀愁和苦闷。做个商人去，做个工人去，做一个能生产的人比做一个在幻想上满足自己的流浪人，要对国家有利得多。

幻想不能泛滥，现实在残酷地抨击你的时候，逃避只会得到更坏的暗袭。

时值流亡在异乡的故友们，敬希珍重，拥护这个抗战和加强这个抗战，向前走去。

32. 岳阳楼

◉叶　紫

诸事完毕了，我和另一个同伴由车站雇了两部洋车，拉到我们一向所景慕的岳阳楼下。

然而不巧得很，岳阳楼上恰恰驻了大兵，“游人免进”。我们只得由一个车夫的指引，跨上那岳阳楼隔壁的一座茶楼，算是作为临时的替代。

心里总有几分不甘。茶博士送上两碗顶上的君山茶，我们接着没有回话。之后才由我那同伴发出来一个这样的议论：“‘不入虎穴，焉得虎子！’我们不如和那里面的驻兵去交涉交涉！”

由茶楼的侧门穿过去就是岳阳楼。我们很谦恭地向驻兵们说了很多好话，结果是：不行！

心里更加不乐，不乐中间还带了一些儿愤慨的成分，闷闷地然而又发不出脾气来。这时候我们只好站在城楼边，顺着茶博士的手所指着的方向，像看电影画面里的远景似的，概略地去领略了一点儿“古迹”的皮毛。我们知道了那兵舍的背面有一块很大的木板，木板上刻着的字儿就是传诵千古的《岳阳楼记》。我们知道了那悬着一块“官长室”的小牌儿的楼上就是岳阳楼。那里面还有很多很多古今名人的匾额，那里面还有纯阳祖师的圣像和白鹤童子的仙颜，那里面还有——据说是很多很多，可是我们一样都不能看到。

“何必呢？”我的同伴有点不耐烦了，“既然逛不痛快，倒不如回到茶楼上去看看山水为佳！”

我点了点头。茶博士这才笑嘻嘻地替我们换上两壶热茶，又加上点心和瓜子，把座位移近到茶楼边上。

湖，的确是太美丽了：淡绿微漪的秋水，辽阔的天际，再加上那远远竖立在水面的君山，一望简直可以连人们的俗气都洗个干净。小艇儿鸭子似地浮荡着，像没有主宰，楼下穿织着的渔船，远帆的隐没，处处都欲把人们吸人到图画里去似的。我不禁兴高采烈起来了：“啊啊，难怪诗人们都要做山林隐士，要是我也能在这里做一个优游水上的渔民，那才安逸啊。”回头，我望着茶博士羡慕似地笑道：

“喂！你们才快活啦！”

“快活？先生？”茶博士莫明其妙地吃了一惊，苦笑着。

“是呀！这样明媚的湖山，你们还不快活吗？”

“快活！先生，唉！”茶博士又愁着脸儿摇了摇头，半晌没有下文回答。

我的心中却有点儿生气了。也许是这家伙故意来扫我的兴的吧，不由的追问了他一句：“为什么不快活呢？”

“唉！先生，依你看也许是快活的啊！”

“为什么呢？”

“这年头，唉！先生，你不知道呢！”茶博士走近前来：“光是这岳阳楼下，唉！不像从前了啊！先生，你看那个地方就差不多每天都有人来上吊的！”他指那悬挂在城楼边的那一根横木。“三更半夜，驾着小船儿，轻轻靠到那下面，用一根绳子……唉！一年到头不知道有多少啊！还有跳水的，……”

“为什么呢？”

“为什么！先生，吃的、穿的，天灾、水旱、兵，鱼和稻又卖不出钱，捐税又重！”看他的样子像欲哭。

“那么，你为什么也不快活呢？”

“我，唉！先生，没有饭吃，跑来做堂倌，偏偏又遇着老板的生意不好！”

“啊——”我长长地答了一声。

接着，他又告诉了我许多许多。他说：这岳阳楼的风水很多年前就坏了，现在已经不能够保佑岳州的人了，无论是种田，做生意，打鱼，开茶馆，……没有一个能够享福赚钱的。纯阳祖师也不来了，到处都是死路了。湖里的强盗一天一天加多，来往的客商都不敢从这儿经过，尤其是游君山和游岳阳楼的，年来差不多快要绝踪。况且，两个地方都还驻扎着有军队……

我半晌没有回话。一盆冷水似地，把我的兴致都泼灭完了。我从隐士和渔民的幻梦里清醒过来，头不住地一阵阵往下面沉落！我低头再望望那根城楼上的横木，望望那些渔船，望望水，望望君山，我的眼睛会不知不觉地起着变化，变化得模里模糊起来，黑暗起来，美丽的湖山全部幻灭了。我不由的引起一种内心的惊悸！

之后，我催促着我的同伴快些会过账，像战场上的逃兵似地，我便首先爬下了茶楼，头也不回地，就找寻着原来的路道跑去。

一路上，我不敢再回想那茶博士所说的那些话。我觉得我非常庆幸，我还没有真正地做一个岳阳楼下的渔民。至少，在今天，我还能够比那班渔民们多苟安几日。

33. 雪夜

◉ 莫泊桑

放逐的老狗，在前村的篱畔哀鸣：是在哀叹自己的身世，还是在倾诉人类的寡情？

漫无涯际的旷野平畴，在白雪的覆压下蜷缩起身子，好像连挣扎一下都不情愿的样子。那遍地的萋萋芳草，匆匆来去的游蜂浪蝶，如今都藏匿得无迹可寻。只有那几棵百年老树，依旧伸展着槎牙的秃枝，像是鬼影憧憧，又像那白骨森森，给雪后的夜色平添上几分悲凉、凄清。

茫茫太空，默然无语地注视着下界，越发显出它的莫测高深。雪层背后，月亮露出了灰白色的脸庞，把冷冷的光洒向人间，使人更感到寒气袭人。和月亮作伴的，惟有寥寥的几点寒星，致使她也不免感叹这寒夜的落寞和凄冷。看，她的眼神是那样忧伤，她的步履又是那样迟缓！

渐渐地，月儿终于到达她行程的终点，悄然隐没在旷野的边沿，剩下的只是一片青灰色的回光在天际荡漾。少顷，又见那神秘的鱼白色开始从东方蔓延，像撒开一幅轻柔的纱幕笼罩住整个大地。寒意更浓了。枝头的积雪都已在不知不觉间凝成了水晶般的冰凌。

啊，美景如画的夜晚，却是小鸟们恐怖颤栗、备受煎熬的时光！它们的羽毛沾湿了，小脚冻僵了；刺骨的寒风在林间往来驰突，肆虐逞威，把它们可怜的窝巢刮得左摇右晃；困倦的双眼刚刚合上，一阵阵寒冷又把它们惊醒。它们只得瑟瑟索索地颤着身子，打着寒噤，忧郁地注视着漫天皆白的原野，期待那漫漫的长夜早到尽头，换来一个充满希望之光的黎明。

34. 铃兰绣花鞋

◉贾克琳·墨菲特

桌子上摆了大约五十只的迷你绣花鞋，颜色从很淡的粉彩系列到鲜粉红色和紫红色都有。鞋子上装饰着镶边小蕾丝和花朵的图形：玫瑰花蕾、堇菜和铃兰。商店街正在举办古董周贩卖会。

“这些鞋子的式样真多。”爱伦对着站在桌子后面的店员说。

“我是在一个农舍的拍卖会上买到这些鞋子的。”他回答道，“一个寡妇把她所有的东西都卖掉，准备搬到城里去。她说她*20*岁的时候收到人家送她的第一双鞋子。*20*世纪初的时候，人们很流行收集迷你绣花鞋。现在人们还是很喜欢收集这些东西；事实上，这是店里卖得最好的商品之一。”

爱伦不禁想知道，那个寡妇是在什么样的情况下，买下或是收下绣花鞋当作礼物的。也许那是某个周年礼物，也许是她的生日礼物，也许是她的孙子送她的圣诞礼物。

我敢说，这些鞋子要是会说话的话，那它们一定会滔滔不绝地说出这个女人和她的家人欢乐与悲伤的故事，爱伦这么想。她为什么不把这些传家宝留给她的孩子或孙子呢？

手里提着这么大的包裹开始让爱伦觉得累了。她一定要休息一下。

她看到通道的另一头正好有一条长凳。她吐了一口气后便坐了下来，并且将包裹放在自己和一位白发的矮小妇人中间。

爱伦朝着妇人问道：“你对古董有兴趣吗？”女人的眼里突然涌出了泪水，她用满是皱纹的手将眼泪擦去。

“嗯，是啊。”女人回答道，“你看到了对面那个摊位的售货员吗？他最近刚向我买了一整套的古董绣花鞋。”

爱伦将身子倾向女人。“这是怎么一回事呢？”她低声地问。

“你应该听过‘捉襟见肘’这个成语吧？”

爱伦点点头。她记得自己的祖母也曾经被迫卖掉自己的房子，然后搬到一个比较小的住所去，再也不能在假日的时候烤蛋糕，也不能在夏天的时候野餐了。现在她总是安静地坐在摇椅上，脚边躺着她那只忠实的猫。

女人握紧双手，继续讲下去：“我先生那时病得很重。刚开始的时候，我卖了好几亩地来付医药费。当医生说他已经束手无策的时候，我就带先生回家。我一直照顾他，直到他终于解脱去世为止。我不希望成为儿子的负担，所以就把农舍卖掉，包括大部分的家具和私人物品。我住在商店街附近的套房里。可以步行到商店街里的杂货店和药房去。我已经不再能够享受开车的乐趣了。”说完，她做了一下鬼脸，“我有时会到商店街这边来，坐下来观察周围人的活动，就像你现在一样。”

爱伦微笑着：“你可不可以告诉我，你最喜欢哪一双绣花鞋？哪一双鞋子对你的意义最重大？”

“我订婚的时候，我的未婚夫送了我一双珍珠白的鞋子，上面镶饰着铃兰。它并不是里面最贵的收藏品，可是我很珍惜关于那个晚上的回忆。”她一边沉思，一边说。

爱伦站起身来说：“可不可以耽误你几分钟的时间，请你帮我看一下包裹？

女人同意地点点头。

爱伦去找那个站在桌子后面的售货员说话。售货员弯下身去，消失在视线之外，接着他用白色的棉纸包着一件物品。

爱伦回到长凳边，她把自己所买的东西拿给那位女士，然后面带微笑地说：“你让我想起我所深爱的祖母，我有个小东西要送你。”

女人显得手足无措：“我真不知道该说什么才好。”

“什么都不用说，打开看看。”爱伦敦促她。

女人将棉纸撕开。当她看到多年前未婚夫送给她的珍珠白绣花鞋时，眼泪从她历尽风霜的脸颊上轻轻地掉了下来。

35. 门槛

◉屠格涅夫

我看见一所大厦。正面一道窄门大开着。门里一片阴暗的浓雾。高高的门槛外面站着一个女郎……，一个俄罗斯女郎。

浓雾里吹着带雪的风，从那建筑的深处透出一股寒气，同时还有一个缓慢的、重浊的声音问着：

“啊，你想跨进这门槛来吗？你知道里面有什么东西在等着你？”

“我知道。”女郎这样回答。

“寒冷、饥饿、憎恨、嘲笑、轻视、侮辱、监狱、疾病，甚至于死亡？”

“我知道。”

“跟人们疏远，完全的孤独？”

“我知道，我准备好了。我愿意忍受一切的痛苦。一切的打击。”

“不仅是你的敌人，就是你的亲戚、你的朋友也都要给你这些痛苦、这些打击？”

“是……就是他们给我这些，我也要忍受。”

“好。你也准备着牺牲吗？”

“是。”

“这是无名的牺牲，你会灭亡，甚至没有人……没有人知道，也没有人尊崇地纪念你。”

“我不要人感激，我不要人怜悯，我也不要名声。”

“你甘心去犯罪？”

女郎埋下了她的头。

“我也甘心……去犯罪。”

里面的声音停了一会儿。过后又说出这样的话：

“你知道将来在困苦中你会否认你现在这个信仰，你会以为你是白白地浪费了你的青春？”

“这一层我也知道。我只求你放我进去。”

“进来吧。”

女郎跨进了门槛。一幅厚帘子立刻放下来。

“傻瓜！”有人在后面嘲骂。

“一个圣人！”不知道从什么地方来了这一声回答。